高岗凤凰　彦士摇篮

纪事

梧桐書院

郴州市文史研究会 编

国家图书馆出版社

图书在版编目（CIP）数据

高岗凤凰　彦士摇篮：梧桐书院纪事 / 郴州市文史研究会编. -- 北京：国家图书馆出版社,2024. 9. -- ISBN 978-7-5013-8150-0

Ⅰ.G649.299.644

中国国家版本馆CIP数据核字第202402QT88号

书　　名	高岗凤凰　彦士摇篮：梧桐书院纪事
著　　者	郴州市文史研究会　编
责任编辑	代　坤　张慧霞
责任校对	王明义
封面设计	项梦怡

出版发行	国家图书馆出版社（北京市西城区文津街7号　100034） （原书目文献出版社　北京图书馆出版社） 010-66114536　63802249　nlcpress@nlc.cn（邮购）
网　　址	http://www.nlcpress.com
印　　装	北京科信印刷有限公司
版次印次	2024年9月第1版　2024年9月第1次印刷

开　　本	880×1230　1/32
印　　张	5.25
书　　号	ISBN 978-7-5013-8150-0
定　　价	36.00元

梧桐书院纪事

主　编　雷晓达

编撰人员　马治平　曹学斌　何文祖

　　　　　　雷小院　曹纳雄　陈　波

　　　　　　黄五生　雷细胜

梧桐书院地形图（一）

梧桐书院地形图（二）

我心中的梧桐书院 —————————

《高岗凤凰　彦士摇篮：梧桐书院纪事》即将付梓，友人嘱我作序，我不禁想起几年前的情景。

我是孔子七十六代孙，出生于山东曲阜的一个书香世家，自幼崇尚文化。犹然记得，2019年初夏我接到了临武三中王继兵校长的电话，说县里建了一个"梧桐书院"，邀请我去讲学。

坐在开往湖南五岭腹地的高铁上，我激动不已。遥想当时人们一边沉浸于经济建设，一边憧憬着中华民族的全面复兴，这个已经现代化的时代，展现给人们五彩斑斓图景的同时，也把涉及思想道德、精神支柱等方面的困惑与危机推到人们面前。如何解决这些问题，成为横亘在中华民族全面崛起前的"最后一公里"。而此时，临武县为了振兴中华传统文化，兴建了梧桐书院，这让我立马想到此地必有高人！

沿着蜿蜒的山路，我一路观赏山中的美景，一路畅想书院的模样。刹那间，一处好气派的古典建筑映入眼帘。它依山就势，错落有致，白墙黛瓦，飞檐耸翠，浓郁的湘南风格略带徽派意蕴，典雅中彰显着简朴和大方，刚到这里，我就嗅到了清新的书香。

书院是我国古代传统文化的标志性符号，著名的书院有应天书院、岳麓书院、嵩阳书院、白鹿洞书院，这些书院的职能是什么？编书、出书、教书、育人。中国传统文化的内涵在我看来应有三点：一是渗透于生产生活中鲜活的文化元素，二是运用这些文化元素凝结而成的文化经典，三是根植于民族成员内心的价值观念、审美趋向和心理认同。通过深度挖掘梧桐书院历史上的文化元素，进而精心打造梧桐书院现代的文化经典，重新塑造一个新的价值观念、审美趋向和心理认同，这不正应了习近平总书记提出的关于传统文化以文化人的指示精神吗？

在这里，王继兵校长把一个人介绍给我，他说："这就是建设书院的发起人。"我心中一颤，这不就是我心里的那个人吗？雷晓达，湖南省郴州市原分管教育的副市长，却没有丁点儿的"官气"，他满脸的朴实和睿智，给人毫无做作之感。

在山间的幽径上，雷晓达先生如数家珍地讲述着梧桐书院的过去和今天。梧桐书院起于汉，兴于明，初为民间教育机构，称"石龙庵"，明时改称"龙回台"。明嘉靖隆庆年间曾朝节、刘尧诲先后肄业于此，两人操行端庄，持身清廉，为明代中兴之重臣。书院曾以名人影响日甚，隆极一时。然而随着历史的演变，书院一度衰颓，几至废弃。

听到这里，我有点儿五味杂陈：雷晓达先生退休后坚持投身教育，是否有点儿不合时宜？以前很多官员退休后，多办企业、当顾问，他为什么要沉心来办书院？

我禁不住问他："为什么要潜心做文化？"

雷先生平静地说："《论语》上说，士不可不弘毅。任何一个时代的士人，都应当做到弘大刚毅，有所担当。"

我顿感振聋发聩！小时候读过的《三字经》上说："曰士农，曰工商，此四民，国之良。"历朝历代，都把

"士"这个阶层排在首位，因为这个阶层才是推动社会进步的中坚力量。

不忘初心，方有始终。梧桐书院，定有偌大担当作为。揣度着"崇学厚文，见贤思齐"的院训，我想，梧桐书院在新时代"以文化人"的路上一定能够走向远方。

孔子七十六代孙孔令绍

2024年元月写于孔子故里

注：孔令绍先生，孔子第七十六代孙，山东曲阜孔子研究院特聘教授、曲阜文化促进会主席、梧桐书院名誉院长。

梧桐叶茂书声远 ————

诸位同仁嘱为《高岗凤凰 彦士摇篮：梧桐书院纪事》作序，余欣然允之。

梧桐书院源于东汉，时名"太平寺"，又名"白马寺"；唐宋时称"石龙庵"；明时，曾朝节苦读于此，改称"龙回台"；清时为"清爽楼"。清光绪三十一年(1905)，废科举，大兴新式教育，更名为"梧桐山学堂"。直至二十世纪七十年代末，办学不辍，桃李满天。后因布局调整，师生撤走，遂成废墟。2010年，年已81岁高龄的教师雷国晶先生倡修梧桐书院，2017年7月破土动工，2018年11月28日授牌开院。悠悠两千年，梧桐深处，琅琅书声回荡在深山幽谷之中，月夜窗前，学子挑灯夜读的身影犹在眼前。

　　梧桐书院人杰地灵，英才辈出。据历史记载，自隋至清实施科举制度的一千三百多年里，临武县有十五位贤俊高中进士，其中七位曾肄业于此。唐代黄师浩，会昌五年（845）进士，是临武县第一位进士。在池州（今广西河池）刺史任上，平叛有功，由州守晋为副将都统。唐大中十四年（860），率众平定西蕃叛乱时殉国。朝廷以其"累立战功，威震华夷……铁面丹心，委身殉国，其功与节，深可嘉悯，封为武陵侯"。以其"大丈夫生当封侯万里，死当庙食百世"而彪炳史册。明代刘尧诲，龆龀之年求学于此，嘉靖三十二年（1553）高中进士，授江西新喻知县，以治行高等擢南京刑科给事中，因弹劾宪制，触犯权贵，辞官回乡。嘉靖四十二年（1563）助守临武县城，因功而征诏起用，历任福建、江西巡抚，总督两广，累官户、兵二部尚书，参与机要。刘尧诲沉毅寡言，学识渊博，重视教育。巡抚江西时，创建濂溪书院；总督两广时，张居正下令撤全国书院，刘尧诲认为"此非盛世事"，两广书院得以保存。明代曾朝节，求学于此几近十年，万历五年（1577）御点探花，授翰林编修。因其学识渊博、操行端庄、为官清廉，累官礼部尚书。明神宗对其欣赏有加，数次邀其入阁，均被婉拒。曾朝节仁心善行，回乡省亲时，因乡间道路狭窄，难容车马，众人商议扩修，曾朝节以"有伤农田"，拒不同意。为方便家乡学子京师赴考，创建京师上湖南会馆，题匾"瑞春堂"。还在家乡专设义田，用于接济同族贫寒子弟入读。万历三十二年（1604）病逝任上，明神宗赠其为太子太保，谥号文恪。曾朝节学富五车，笔耕不辍，著述颇丰，有《臆言》《经书正旨》《紫园草》《南岳纪略》《易测》等，《四库全书》有存目，堪称一代宗师。一座座丰碑，让人顶礼膜拜；一篇篇传奇，令人心驰神往！

梧桐书院文脉相承，声名鹊起。2018年复学以来，秉承"崇学厚文，见贤思齐"院训，致力于国学教育，以传承中华优秀传统文化为己任，以国学教育的培训、后生晚学的培养为立院之本，重在立德树人，通过研学交流、国学培训、教育论坛、主题教育等形式，开展丰富多彩的国学教育活动，使人们的国学意识日益增强，国学理念深入人心，国学学习蔚然成风。作为临武乃至郴州为数不多进行中华优秀传统文化教育的专门机构，在传承国学、净化心灵、建立社会公序、培养社会主义核心价值观方面作出了可贵贡献。

故此，乐为序。

2023 年 12 月 12 日

注：刘杨先生，桂阳县人，现任郴州市人大常委会党组成员、临武县委书记。

目录

第一编　福地洞天 —————

凤凰鸣矣，于彼高岗；梧桐生矣，于彼朝阳。

——《诗经·大雅·卷阿》

东汉永元十二年（100），是临武县县长唐羌县内视事的第三年。期间，他平冤情，断谳狱，倡廉明，宣文教，劝农桑，识民情，境内安定，县人称颂。相传永元十二年的一天，按照计划他要巡视县西北方，以便了解民情，体察民意，关心民智，此外还有一个重要任务就是巡查驿铺，以保域内百姓、过往行人往来安宁。

简单膳食后，唐羌唤来书僮徐言。徐言是本地北乡人，人熟、路熟、情况熟。此前唐羌已交代，此次出巡取消鸣锣开道、肃静回避，只需轻车从简。

晨阳初照，啼鸟轻鸣。唐羌出了县衙，越过小西门，沿着武水河，翻山越水。中午，便到了西塘铺，一路走来，徐言说个不停，一会儿说这古松参天，乃是仙人所培，一会儿说这是越人住地，乃为故人所归。唐羌很喜欢这个书僮，他不但聪明伶俐，机智活泼，而且还敢言他人之不敢言之语，敢做他人之不敢做之事，有时还表现出一种超乎常人想象的灵秀，令这位县长满意。

翻过城背岭，唐羌和徐言来到合面铺，沿着石江古道，一路跋涉，终于到了平田土江铺。唐羌素闻土江名虽土，然重文，出仕者众。二人人得铺道，便探访本地乡绅村塾族学。一位老者见唐羌神态安详，谈吐不凡，便趋身向前搭话，说当地有座山叫梧桐山，又叫凤凰山，山势若龙，山形若凤，山色若霓，山气若虹。且地处两江之源，是一座名副其实的分水岭，其下双江碧流，一江向南，往土江，汇斜江，流武江，入珠江；一江向北，往溪江，汇洣江，流湘江，入长江。梧桐山后两山耸立，一曰通天岭，重峦叠嶂，山色葱郁，山景秀丽，山有一庙，名通天庙，祈雨得雨，祈晴得晴，呼风唤雨，十分灵验；一曰香花岭，岭开日月，四季幽晴，春来花溢，夏蝉虫鸣，秋桂飘香，冬景清丽。仰可接飞猱，俯可闻蹄声。山麓地势更是奇特，左山似青龙环绕，右山如白虎拱伏，前山朱雀百鸟朝阳，后有通天、香花两山如神灵玄武，香花岭如龟静卧巍然，通天岭如蛇飞腾翱翔，真乃钟灵毓秀、山川形胜之地也。这位老者说得眉飞色舞，唐羌听得津津有味，不时徐言又补上几句，更增添了梧桐山的俊美和灵气。

次日，日暮时分，唐羌来到梧桐山下，徐言见远处有茅庐三座，上有袅袅炊烟，旁闻嘎嘎鸭声，一行二人便循着小道奔茅庐而去。

庐主人姓黄，见夜有访者，甚是诧异。"烦你了，山主。"未进庐内，唐羌便客气招呼。"稀客，稀客！"黄主人惊惶但不失措。徐言向黄主人介绍了唐羌，主人受宠若惊，忙向唐羌施礼，再三言之"上座"。又吩咐三个孩童向唐羌施礼。

主人高兴，特意挖出地下坛装老酒。酒过三巡，主人自我介绍说，我乃秦人后代，始皇三十四年（前213）三次南征后，秦定南越，命秦军将士及其后从北方遣来戍卒、百工定居岭南。祖上乃军中文职，胸有点墨，得

通天岭庙遗址

以幸存，至今将近三百年。久闻此地人杰地灵，先君便迁居于此。三个孩童乃为学子，一犬子秦人，一越人之子，一楚人之后。幸赖祖上积德，我略通翰墨，便有聪慧诸生前来识文断字。唐羌言："善哉！善哉！此乃人中大义，行之要端，本官代域内士子向你致谢了！"徐言明白此时县长心思，便献言道："当今，庙学合一教育规例已成雏形，大人何不就此建寺立庙，以隆一方天地，以盛一方文风？"黄主人拍手称好，"百姓久有期盼！今日大人来此，真乃旱逢甘霖，如能有此善举，则士子大幸！百姓大幸！黄某亦大幸矣！"唐羌听得此言，即言："妙哉！妙哉！"黄主人听得此言，兴奋异常，忙不迭地说："求大人赐名。"徐言素知大人情怀，心系天下太平，言道："以太平立名如何？"唐羌更加喜欢这位懂得自己的少年了。心想：古人曰俊朗少年似白马，通过立学求教，但愿像徐言这样的少年白马越来越多，于是便有以"白马"立名之意。主人拿来文房四宝，唐羌先以"太平"两字试笔，企盼天下太平，再以"白马"二字题额，似有后生可期、人才辈出之意。后又为庐旁甘泉赐"金泉"二字，并施田十五亩。由此，此方洞天福地便有了开化文明于一地的千年古刹梧桐禅林——太平寺。

唐羌久闻朝廷献荔枝、龙眼事，扰得县境内马死人伤，民怨沸腾。翌日，唐羌便和徐言出巡县西北方的驿铺。路上，不时见狂马飞奔，不时闻哀嚎动地，以致山景失色。为享用新鲜荔枝、龙眼，朝廷如此不顾百姓死活，不顾地方安宁，唐羌怒不可遏，愤而上奏罢贡。

唐羌生平，见清康熙二十七年（1688）《临武县志·秩官志·循良》载：

　　唐羌，字伯游，汝南人。章帝永元间，辟公府，

清康熙《临武县志》封面照

为临武县长。县接南海，旧献龙眼荔枝及生鲜献之，十里一置，五里一堠，昼夜传送，奔腾阻险，至有遭虎狼毒害，顿仆死亡不绝。道经临武，羌乃上书谏曰："臣闻，上不以滋味为德，下不以贡膳为功。故天子食太牢为尊，不以果食为珍。伏见交趾七郡献生龙眼等，鸟惊风发，南州土地，恶虫猛兽不绝于路，至于触犯死亡之害。死者不可复生，来者犹可救也。此二物入供，未必延年。"章奏上报，诏曰："远国珍馐，本以荐奉宗庙。苟有伤害，岂爱民之本？且敕太官，勿复受献。"

羌得报，即弃官还家。后屡檄召，竟不为起。有《唐子》三十余篇行于世。

宋时，苏轼作《荔枝叹》赞美唐羌之举动：

十里一置飞尘灰，五里一堠兵火催。

颠坑仆谷相枕藉，知是荔枝龙眼来。

飞车跨山鹘横海，风枝露叶如新采。

宫中美人一破颜，惊尘溅血流千载。

永元荔枝来交州，天宝岁贡取之涪。

至今欲食林甫肉，无人举箸醉伯游。

东汉灵帝年间，成武丁在此修行，终成一方神明。旧志载：成武丁，临武北乡乌里人，大概为今临武县楚江镇杨乌磊、富塘一带的人。成武丁少时，身高七尺、聪慧异常，相传余月（即闰月）夜，忽得诸仙托梦，嘱其不日去梧桐山修行七七四十九天。

成仙武丁画像

武丁顺其而行，吉日晨起便与父母告别，飞身来到距离十余里地的梧桐太平寺面壁。日诵经文，夜听兽吼，晨闻鸟声，专心致志，不敢分心。绝妙的佳境，天然的禅林。成武丁庆幸得神灵庇佑来此修行，虽日以梧桐泉水为食，夜以梧桐山林作被，但却经文日进，悟得其道。

成武丁生平，见清嘉庆二十二年（1817）《临武县志·仙释志》：

成武丁，邑之北乡乌里人也，身长七尺。寡言笑，夙有大度。东汉时，年十三为县小吏。送物上州，州牧周昕异之，署为文学主簿。使京，还，至长沙，不及邮，宿树下。闻上语云："向长沙市药。"旦视之，则二白鹤栖焉。武丁先候市门，果两老人罩白簦来，武丁随之，逾日，老人曰："丁欲何求，随我不已。"曰："知君有济生之术尔。"老人顾笑，于袖中出《王函素书》，有武丁名，各与药一九，曰："君为地仙。"乃以期约之，武丁拜，饵丸，分袂而去，遂明照万物，通禽兽言。

尝群坐，闻雀噪。曰："市东车翻覆米，群雀相呼往食。"遣视之，果然。太守元日宴，使司酒，忽取酒噀之，众怪问，乃曰："适临武火，救之尔。"次日，县令张济笺至，言元日庆集，晡时火起，延烧厅署。忽东北雨至，酒气芳馥，火遂灭，被雨者皆醉。

经二年，自言："老人约，牵牛诣织女，吾当还宫。"言讫而卒。尸体柔软，异香盈室。时光和二年七月七日也。葬数日，乡人于州之武昌冈，见乘白骡西去。曰："吾到迷溪，即反。"又曰："我来匆匆，有旧舄一只在鸡栖上，大剑一口在户侧，为令家人收之。"乡人至其家，闻泣声，惊，告以所托词。家人曰："俱入棺中，那应在外？"即求之，果得。以白太守，使发棺视之，形身无存，但一青竹七尺并舄一只而已。

家喻户晓的牛郎织女故事，在清同治七年（1868）《桂阳直隶州志》卷二十七《续斋谐记》中有相关记载：

清同治《桂阳直隶州志》封面照

桂阳成武丁有仙道，谓其弟曰："七月

七日织女当渡河，诸仙悉还宫。"弟问："织女何事渡河？"答曰："织女暂诣牵牛。"世人至今云：织女嫁牵牛也。七夕灵会，始自临武，传于天下数千年矣。至今岭南甚重其节，以百谷作诸巧器，费至百金，工累数月，至期，女子盛饰，门闼洞开，通夜望拜，以候福祥，岂以地近仙居，传之有本乎？

牛郎织女七夕相会，浪漫的爱情故事，美妙的神话传说。千百年来，天下人欣赏有加，津津乐道，而又往往不知此故事出于哪方神仙，此神话肇于哪方福地。殊不知，此乃始于成仙武丁，肇于梧桐福地，世人亦当重此地乎。

人以文名，地以人名。唐羌赐额茅庐，一时传为佳话，武丁修行得道，亦为一段美谈，梧桐山立寺建庵由此开启。

梧桐山立寺建庵，自东汉至唐宋，其名曰"白马""太平""金泉"，数易数用。明初改名为"回龙庵"，嘉靖初刘公司马尧海肄业于兹，官至尚书后赠匾"锦凤禅林"；嘉靖间曾公文恪朝节读书于此，额曰"龙回台"。

清代黄景英、景文兄弟重修龙回台，易名为"清爽楼"。古以佛籍儒而宅，又以道籍儒而宅，后又以佛道宅儒，遑说佛教道义儒学，无论入世、出世、超世，此处历经千年，怀揣"崇学厚文"理想，尽释教书育人情怀，终成求学圣地——儒林学苑。

梧桐山建庵历史，较为久远，从临武县志中可窥一二。

清康熙二十七年（1688）《临武县志》卷二《封域志·山川》载：

> 香花岭，即桂岭也，俗呼桂为香花，故名。在县北三十里，北接金香山，左连马岭，高八百余丈，山势雄博，盘绕县境西北四十余里，为临武坐山之祖。

清康熙二十七年（1688）《临武县志》卷十三《艺文志·记》载：邑人明河南获嘉令邓学古《重修金泉庵记》，原文如下：

> 邑西北，去将一舍，九疑蜿蜒，万峰回响，是名

金泉胜地也。庵自洪武岁僧觉兴、觉霖始，至正德中，一再修，规陋且湿，岁久就圮。僧法元等载谋撤新，庀工鸠材，爰辟其趾。枕山为殿，殿前为门楼数楹，以临前池。左右翼以廊，轮奂屹然，咸极精好。山若增而辉佛，日若增而灵矣！夫上至香积，下至金色，一光明藏耶！即如来依报止报之因也。孰因匪果，孰果匪因，则诸檀那之报身，其有尽乎？凡有作有，证各有相，大乘即相即生，四轮常转。矧法元等以精进心智，不退轮哉！

是举也，经己亥春始事，明年夏讫功。于是问记于予，予惟是庵自余先大夫暨余兄别驾公习静其中，与兹山白云相为宾主，而灵峰合沓，亦与余子姓为世讲有年矣。念山灵佛日，宁谢不文。遂举佛说以记之云。

万历二十八年，孟冬月记。

清同治六年（1867）《临武县志》卷二十五《寺观六》载：

梧桐山，在銮一乡。洪武初，刘万二十建。

刘大司马"凝斋"题有联云："落花不扫，啼鸟不闻，脱去尘埃忘色相；清风为朋，明月为侣，了然面目见虚空。"

清同治六年（1867）《临武县志》卷二十五《续寺观》载：

龙回台，在銮一乡，初名石龙庵。明礼部尚书曾朝节读书于此，易今名，并题楹联曰："碧水印秋蟾，门外不知黄叶老；红尘飞野马，个中常伴白云闲。"黄景真、景文兄弟添建西廊，又于东偏建爽溪楼。

清同治六年（1867）《临武县志》卷四十一《艺文中》又载：黄云汉，清咸丰七年（1857）补行壬子、乙卯举，壬戌觉罗教习。还收录了黄云汉《重修龙回台序》，原文如下：

石龙，古刹也。其地左环叠嶂，右抱双溪。前明曾文恪大宗伯读书于此，颜曰"龙回台"，殿宇三楹，宝相庄严，金资照耀，晏如也。

庚戌秋，风伯为灾，摧折前楹，于是方丈茅茨，瓦砾茂草，几十稔矣。今春属有重修之举，达官长者，奉佛信人，群起和之。中毗于后，稍近栅，其前檐为中门，其前楹改置两庑，直出门旁，壁立如左右翼。经行之室，禅诵之堂，略具焉。是役也，经始于七月之朔，仅五十日告竣。何速也？先是太岁在酉，寺僧例倡胜果，搬演目莲，延二寒暑，众咸跃跃。其速也，人力为之，亦佛具足神通默相之耳。

虽然，寺始于汉，其时，摄摩腾自西域来，上鸿胪，遂取寺名立白马寺，是佛籍吾儒而宅也。兹寺有宗伯公遗迹，则佛亦能宅儒。行见五夜青灯，三春花雨，梵呗书声，迭相唱和，必有发迹于此者。

是为序。

清同治七年（1868）《桂阳直隶州志》卷二十七《小说篇》载：

　　西北銮一乡有星桥寺，元皇庆初僧南山造。又有凤皇庵、梧桐山龙回台、祐圣观。观祀真武，居民争讼要质，悉决于神，强横负气入观，自愒然输服焉。凤皇庵古松数百株，迤连三峰，在临嘉界上。黄星槎教习云汉诗云："路绕峻嶒石，禅栖寂寞情。乱山双涧束，古寺一峰擎。枫叶烘云暖，松花落地轻。梵音听未了，万籁搅秋声。"又《游龙回台》，诗云："古径寻春处，茅庵下榻时。病僧依鬼惯，瘦佛比人饥。树密云生早，林深月到迟。碧桃花正发，沽酒遣愁思。"

　　梧桐山庵，明洪武初刘万二十建，盖凝斋族祖也。凝斋题联云："落花不扫，啼鸟不闻。清风为朋，明月为侣。"可状其幽胜也。又一联隶书，而句近俗，不录。

　　民国二十年（1931）雷飞鹏纂《嘉禾县图志》卷五《古迹风景记》记载曰：

　　塘村墟近石龙庵，一名石龙庙，又曰回龙台，明曾文恪朝节读书处也。地当临蓝嘉界，有临武黄孝廉云汉、县人周贡生培塘合撰碑序云：石龙，古寺也，左环叠嶂，右襟双溪。前明曾文恪宗伯尝读书于此，额曰：回龙台。盖亦颇沿形法家言矣，有殿宇三楹，宝座庄严。辛亥之夏，风伯为灾，前楹方丈瓦砾茂草，几十稔矣。顷者有重修之役，达官长者，争先布施。仍旧改作栅承前檐，辟为中门，其前楹改置两庑，经行之室，禅诵之堂略具。役始于某月，仅五十日而告成。何其速也，先是太岁在巳，寺僧例倡胜果，搬演目莲，延二寒暑，众咸踊跃。或曰其速也，人力其默相者供也。某等闻其言而窃有感焉。

凡事，佛始于汉，其时摄摩腾自西域来，上鸿胪，因取寺名立白马寺，是佛籍儒而宅也，此间有宗伯遗迹，是佛又宅儒也，殆若循环。然此非种因果报，理有不爽者欤？儒释分教而不分理，昌黎韩氏之谏佛骨，近于讦直，其后又与太真朗游，东坡苏氏之留玉带，近于佞佛，是皆有蓬之心者也。

李拔贡学镜过石龙庵暮憩，诗云："孑身偶过梵王宇，古木浓阴集暮鸦。雨后农间歌黍稌，月明僧定补裌裳。炊烟奈此朝还暮，尘幻看他叶与花。独怪金刚成百炼，人间香火托生涯。"

《古迹风景记》后附图，图附文字曰：

　　石龙庵，在塘村附近，是为前明临武人礼部尚书曾文恪公朝节先生读书处。

临、蓝、嘉三县交界之地塘村墟古为临武属地，民国时期亦然，1954年调整行政区划，塘村墟划入嘉禾。雷飞鹏，晚清举人，嘉禾行廊定里人，随梁启超公车上书，后加入同盟会，为东北地区同盟会负责人之一，是近代民主资产阶级革命家，湘南社会名宿。其所纂志书中多处记载石龙庵，

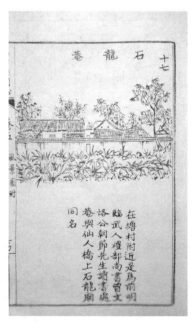

民国二十年（1931）《嘉禾县图志》风景图附石龙庵手绘图

可见其庵之名盛也！

此地最早设寺于东汉永元年间，当时儒学逐渐经学化，主祀先圣先贤孔子的庙与古代教育教化的机构场所开始统一，"庙学合一"教育规制初具雏形。经两晋、南北朝到了唐代，贞观四年（630），太宗诏令州县学立孔子庙，高宗时，又敕州县学未立庙者速事营造，孔庙开始遍及天下，"庙学合一"教育规制正式形成，并相沿至清朝末年。

此地初为官办，施田有十五亩，建设规模很小，后规模逐渐扩大，生源有所增加；随着佛教进入融合，寺庙宗教功能逐步扩大，庙内开始供奉佛像，僧人也开始进驻；唐贞观年间诏令天下立孔子庙，到了武则天时期又诏令大修寺庙进驻僧民，佛教进入全盛时期，"庙学合一"教育规制受到冲击；宋代以后佛教逐渐儒化，寺庙佛事活动与教学活动之间的矛盾逐步升级，寺庙属性开始让位于民间属性，这期间虽有地方乡贤积极推动寺庙规制向讲学、藏书、祭祀方向转化，但因诸多原因仍然保持原有的寺庙属性不变；到了明代中后期，曾经"于兹肆业"的户部尚书刘尧诲赠匾"锦凤禅林"，该古刹只得沿着原有轨迹发展，直至解体。但是，这种外在的表现形式，并不影响当地民众办校兴学的热情，他们用自己的读书传家理念、耕读兴家传统，支持学子们在此地求学。他们用内心迸发出来的对知识的渴望、追求、向往，将梧桐中的禅林之地蜕变成为学海中的儒林学苑，真可谓："凤凰鸣矣，于彼高岗；梧桐生矣，于彼朝阳。"

第二编　儒林学苑 ——————·

苍苍梧桐，悠悠古风，叶若碧云，伟仪出众。

根在清源，天开紫英，星宿其上，美禽来鸣。

世有嘉木，心自通灵，可以为琴，春秋和声。

卧听夜雨，起看雪晴，独立正直，巍巍德荣。

——宋·晏殊《梧桐》

禅林本是僧尼诵经修行、栖息会集之地，偏居南方一隅的梧桐禅林何以在茫茫历史长河中成为众多学子出仕的儒林？又何以能"卧听夜雨，起看雪晴，独立正直，巍巍德荣"，世代相传，生生不息？众多文史研究者认为，主要有下面一些原因。

首先，官府有识之士的积极推动。临武立县于高祖五年（前202），谓之"楚南郡邑之最古者"。当时的临武地域辽阔，是军事重地，县宰多才学渊博、目光远大，对民智开发、宣文重教自有一番理解，且多为州府加衔兼理或兼署县事。汉有唐羌、张济，唐有张署，宋有胡纯、王淮、罗椅、冯梦得，元有皮元、刘耕孙，明有贾元凯、莫潜、路宽、雷廷显、费懋文、金元、陈贵科、吕时化、徐开禧，清有赵璘美、高溥、张声远、李振麟、姚思恭、宋潢，一个个名字的背后都有一个支撑临武县学大盛的动人故事。

清康熙二十七年（1688）《临武县志》载，南宋词学家雷应春，嘉定十年（1217）进士，曾任监察御史、袁州州守，淳祐十二年（1252）著有《义学田碑记》。清嘉庆二十二年（1817）《临武县志》卷四十一《艺文志》载其全文，内容如下：

> 给田以廪士，今郡县学皆然也。县去民最近，庠序之教易于推行。而令失其政久矣，文书敲朴，救过不暇，奚暇设教也。古者自二十五之间为塾，择民有道有德者为左右师，凡闾中之子弟皆得就学。虽未闻

何所廪给，意者田各并授，人有常产，趋向纯而志虑一，故能周旋于仁义礼逊之中，所谓人有士君子之行，宁不由此其选欤？

自乡治废，田制坏，富连阡陌，而贫无立锥。富者既安于豢养而不知学，贫者又累于饥馁而弗克学。敬敏任恤，不复书也；孝友睦姻，不复尚也；德行道艺，不复考也；党正族、师闾胥之教训，无复影响。至弃子弟于不教，诿曰：吾力不及也。呜呼！秉彝好德之民而使之暴弃如此，为父母其忍乎哉！

临武居桂洞之阳，其民朴古，号称易治。南昌胡君纯下车之初，首崇教事，庠音序声，绎绎不绝，文质彬彬，一时为盛。而生于穷山深谷之间者，懵不知向方，欹邪之民如缁术尸祝，王法之所禁。吾儒之所辟者，乃参错保社、滥席僭师、不模不范、沦溺其民。胡君哀矜恻悯，不忍以薄待之，务欲磨揉迁革，使归于善。乃进五乡之长而告之，立规约，明教导，为塾若干，择士之有行艺者为训谕，使会教其子弟。塾各拨田有差，又有乡学纠正田若干亩，所以维持之者可谓远也。已矣，君之为此，其庶几古者乡校之遗意欤！

　　尝观国朝庆历间，制诏州县立学，而未尝及于乡也。今胡君能广朝廷教育之意而肇创之，且给田为永久计，使斯人优游于父母昆弟之间，纯固其诗书礼义之习，当今之世，盖未有如胡君此举者，其不谓之贤矣哉。噫！良心善性，人所固有，特无以作之尔。今之为令者皆如胡君之用心，则乡学之创，遍满天下，比屋可封之气象复见今日。故喜为之书。

　　时淳祐十二年秋吉日记。

有专家考证，宋代实行义学田制度，湘赣地区临武当属早者。

　　提到此地义田，就不得不提南昌人胡纯，其生平见清同治七年（1868）《桂阳直隶州志》卷九《官师·胡纯列传》载：

　　胡纯，南昌人，淳祐中举进士，知临武县事，以文教治民。县五都各建义学，民间童子毕令充业，择乡中人士有文行者使训谕之，人人自劝于学。纯为布条约，奖诱有方，又乡设义田，岁取租入，赡学师及诸生徒，余粟帛以补给其乡人不足之家。又于学宫立进士题名碑，以励学者。而自为之记曰：天下山横绝处，其气必有所钟，故论潭湘之秀，不曰山川云霓。杞梓楩楠，人得之，有俊杰焉。翅衡之南领界南北，桂阳分郡跨领，临武水始驶南，气尤盘郁。三金久竭，万峰俱童，气果穷乎？昔贤求才德，俊秀蓁闻，盖地杂洞徭，污染寨社刀剑。云皇宋开基，文治四洽，父子世科者有矣。建淳以后，师牧之奏奖，师友兄弟之教督，世薰岁益。明经取第，有佳士弟兄，父子且交辉荐文墨之盛。岂专风土之产？其习然也。今建乡序，广教育，师友读书明善，尚志希贤，自异于流俗，岂特持文荐名，取第迈前而已？学宫旧缺，题名勒此，以励人。若间出骇四方，将继此有秉大掾之笔者。

于是，县学大盛，境内自治。

宋代临武知县罗槺亦赞叹道："临武得清淑之气，代出学人。"

很多有关临武县长（知县）以文治民、力劝于学、奖掖有方、砥砺学者的著述认为：

> 天下山横绝处，其气必有所钟，其人必有所
> 成……临武水始骏南，气尤盛郁。读书明善，尚志希
> 贤者众矣。

一叶知秋，从知县胡纯的传记中，我们似乎听到了临武县历来"崇学厚文"的橐橐脚步声。

其次，诸位高僧之示范带动。梧桐禅林穿越千年，我们无法从文献典籍中看到诸位高僧的大名，然读刘公司马尧海所著的《虚籁集》卷九《题世外浮因卷》一文，可见端倪，原文如下：

《虚籁集》

> 予山行路穷，遥见一庐，丛林中净境也。步去问道，所从见一僧人立

门，意若候予者。延入语，语甚静。密案上列诸品经教，具见庄严。起阅所颂莲华经若干卷，旁有韵切一小册。予儒生也，不暇究竟经中义，举韵类扣之，为予解一二切，予以为偶然也，试抽帖中数十切，咸中毋类。心与之顾，安穷所学耶？期与来山中。

予归山中数日，而僧来。予虽与僧期，殊无幸其趣。来时既夏，因以效僧家结夏故事。住山中旬月，尽得其所为韵旨。问其所出，曰："予师在郴岭，衍经教义，授四方弟子学，予得此盖五六年矣。"曰："于经有所闻耶？"曰："所说华严莲华经则习其句也，近持金刚数千言，亦无所得。"予语之曰："无所得便是道，道亦无所得。第尔时佛言：'世人若以声音见我，是人行邪道。'敢问尔之：'非邪道何也？'"僧笑而不答。

噫！予抱病归山十年，已时翼得可与论心者，无何偶路逢此僧而有所合，不可谓无因也。

僧行，请言为记因，题之曰：世外浮因。

僧大圆，郴州人，其先江右人也。

刘公尧诲乃明嘉靖三十二年（1553）进士，可谓饱学之士。辞官归里后，心情郁结，故而探访求学故地——石龙庵，入梧桐禅林。从"尽得其所为韵旨"，"翼得可与论心者，无何人，偶路逢此僧而有所合，不可谓无因也"之语句，可见禅林高僧学问渊博。

再次，院规与学规的高度融合。梧桐禅林除遵守一般寺院的戒律之外，还制订了学规六条供生员及僧众遵守。

一、子当受教，父母须贤能。

二、学当立志，读书有实用，出仕做良官。

三、心当善良忠厚，以求心善德全，天必知之，福必佑之。

四、生当尊师知礼，诚心听受，悟道破惑，从容答问。

五、读当至诚，经书俱诵，文纳百家，不可偏移。

六、身当守正，不可交结势要，不可牵连词讼，不可怠惰妄行，不可立盟结社。

明洪武二年（1369），明太祖朱元璋诏天下立学诸规，梧桐禅林便立卧碑于内。碑文如下：

一、国家明经取士。读书者，以宋儒传注为宗；行文者，以典实纯正为尚。今后务将颁降四书、五经、性理通鉴纲目、太学衍义、历代名宦奏议、文章正宗及历代诰律典制等书，课令生徒诵习讲解。其有剽窃异端邪说，炫奇立异者，文虽工，弗录。

二、天下利病诸人皆许直言，惟生员不许。今后生员本身切己事情，许家人报告。其事不干己，辄便出入衙门，以行止有亏革退。若纠众打帮，骂詈官长，为首者问遣，余尽革为民。

三、习举业即穷理之一端。四书、经文、策论，务要说理详明，不许浮夸怪诞，记诵旧文，意图侥幸。

四、生员考试不谙文理者，廪膳十年以上，发附近充吏；六年以上，发本处充吏。增广十年以上，发本处充吏；六年以上，罢黜为民。

五、府省廪膳科贡各有定额，南北举人名数亦有定制。若有奸徒利他处人才寡少假冒籍贯，或原系娼优隶卒之家及曾经犯罪问革者，访出，拿问。

六、有司朔望行香，迎至明伦堂讲书。

七、岁贡，正统六年定府学一年贡一人，州学三年贡二人，县学二年贡一人，应贡生员文理不通，另取补贡。选贡，隆庆二年题准，不拘食粮深浅，务取文行兼优者。

八、学校无成，皆因师道不立、教官贤否不齐。须先察其德行，考其文学，若学问疏浅，怠于训诲者，一考再考无进，不改，送交吏部别用。其贪淫不肖者，即送按察司问罪。

以上所列种种，皆由历代官府有识之士的推动、高僧大德的示范带动，加上禅林院规与儒林学规的高度融合，使此地学子如林，人才辈出。

据载，临武县首位进士为唐朝黄师浩，为銮一乡一都二里六甲民籍，幼时在禅林受学，是禅林早期生徒。

黄师浩生平，见清同治六年（1867）《临武县志》卷三十三《忠义》载，原文如下：

清嘉庆《临武县志》校注本

唐黄公讳师浩，本邑鎏一乡一都二里六甲民籍，先世徙居地名金三乡四都赤土村。公墓去村右上三里许，地名栗山虎形，枕西北、踞东南，有"唐武陵黄公师浩墓"碣。夫人唐氏，亦系出本邑金三乡二里九甲小湾村，墓在金三乡四都赤土之左上，地名南峰庵，右侧凤形，枕东北、踞西南，有"唐诰封一品夫人黄门唐氏墓"碣。两处陵墓，赤土嫡派世守挂扫无恙，公之坟山庐墓固属依然，而钟鼎、彝器犹有存者。

公生于十一月初二日，自幼状貌魁梧，骁勇绝伦，而浩然之气，足配道义，与汉寿亭侯类。公于唐会昌甲子举乡榜，乙丑捷登进士第。初仕广西河池州州守，叠升副将，旋领西都统，灭贼奏凯，晋爵武陵侯，后因国家多难，委身殉国。

公尝曰："大丈夫生当侯封万里，死当庙食百世。"矢志之日，则为遂志之谶矣。不特结缨赴难，无渝素守，且盖棺论定，亦如前言。劲节已著于沙场，精英尤昭于奕叶。

殁后神灵愈显，乡邦邻封，每有灾祲，祈祷响应；而旱魃逞虐，征应尤速。故临阳大小村落，立庙塑像，虔祀甚殷。而宜邑浆木石虎山中，愈显神道，岳降先后数月，烧拜香者，如南岳高峰焉。我邑先正曾、刘二公，典型虽著，而御灾捍患，照曜桑梓者，惟公为最。

谨将历代封赠，胪陈于后：唐封武陵侯；宋嘉定五年封广惠侯；宋宝祐四年加封广惠侯灵佑侯；宋景定五年加封广惠灵佑显应侯；元至正十三年加封广惠灵佑显应昭德侯。

清同治七年（1868）《桂阳直隶州志》卷二十一《水道志》又载：

赤土，村也。唐初县人黄师浩为蛮帅，甚有威惠，没而为神。宋天禧间立祠，郴、桂民俗严敬祗祷，处处有祀，云"昭德侯祠"。传神生时，宅后土变异赤，至今犹显。咸丰中，州掘城壕，又得侯印，重三十余两。

神子孙迁宜章，或云其甥改姓，故今传为宜章人。而赤土之称，犹在县境，盖"竹王"之类也。

赤土西对一丘，明尚书刘尧诲先茔在焉。宰树葱青，不施华表。水至赤土，流始盛畅，因指为名矣。

自明清以来，关于黄师浩籍贯问题，其笔墨官司延时日久，本书无意涉及此事，皆因县志、州志记载一目了然，毋需赘言。然黄师浩一盖世英雄，社稷栋梁，其籍于禅林之地，其学于禅林之所，真令梧桐书院骄傲之至矣。

清康熙二十七年（1688）《临武县志》卷十一《人物志·名贤》载有骡溪人陈敬叟、陈章伯父子事，原文如下：

陈敬叟，字炳然，号巽溪。博学能诗文，宋淳祐年间三领乡荐，咸淳甲戌，中王龙泽榜进士，授迪功名郎主簿，改耒阳学录。德佑北狩，遂隐居不仕，益肆力于诗文，有《巽溪集》若干卷行世。

其子陈章伯，补邑庠生，德佑北附，追随其父，义不事元，辞去举子业，遁入禅林，闭门玩读，兼课教诸子。其传曰：

陈章伯，字奎龙。父敬叟，举宋进士第。奎龙少习举子业，警敏读书，经习辑通大义，才藻秀发，补邑庠生，屡校居先等，人皆以世科期之。德佑北附，义不事元，谢去举子业，力追古作。平生阔略，不治生业，有田数顷，亦辄易去，取仅给而已。曰：“无以多，累我为也。”茅屋数椽，室中釜盎亦无完器，唯是世积古籍及各家制，种种收录，唯仅闭门玩读，虽寝食不废。尝编辑《巽溪遗稿》，其自著作及题咏若干卷，名曰《巽溪嗣稿》，示不敢忘先泽也。茶陵尹见心序之曰：“时时织入，诚斋样度。”临江皮公元由翰林出宰临武，见所为文，大奇之，上其行于帅闻，以司教玉林。檄至，竟不为起而卒。隐士李如雷铭其墓曰：“维陈祚周绍有虞，其苗远蔓蕃于莆。鬷莆而支此有居，绵祀数百昭本初。子孙绳绳纷簪裾，惟公卓荦雄万夫。笔端风云纵横挥，人或窘缩公则余。有种不获玉不沽，白首斋志玄宅归。公虽不怨来者吁！"我明弘治间，御史姜公绾谪判桂阳，来县，为建二先生祠，以祀龙及楚春公。

陈章伯名作《韩张亭记》，通今追古，文情并茂，叙事状物，对后世影响深刻，将［同治］《临武县志》卷四十一《艺文志》所载辑录于此，以飨读者：

韩张亭记

临武，汉唐古县也。今县治则非古矣，县治非古而有古迹存焉，以人重也。不有好古君子，孰能振起而表章之，此韩张山韩张亭之所以久废而复兴焉。春秋大复古，谨书而记之，谁曰不宜？按《图》《经》，县本隶郴，唐以郴属江南道，而连为岭南附郡。

贞元中，昌黎韩公愈、河南张公署为御史，论旱事兼言宫市之扰，以直触忌，被谮左迁。韩落阳山，张飘临武，地界楚粤，两境相邻，联辕并驾，袖绂歌谱而来。会宿界上，把盏相饯，分袂而别，故老相传此其地也。古迹之存，后人思之，山以是得名，亭因之而立。或者未详，以为旧治，居县之东南，临武水古驿道，由彼不由此不思，自有宇宙即有此山，今以韩张名之，非二公实曾经此齐东野人，亦岂能韧为之，说以相矜夸周郎却敌之处，一赤壁也，而江汉间言赤壁者五谢公携妓之处。一东山也，而江浙间言东山者三前贤过化之境，亦何必尽得，故处概意之而已。况路有迂有直，二公直道而行。由此不由彼，殆必有说，不然余唱君和百篇之作，竟无一语略及。当时之，为长于斯者，非有所避，则有所嫌，其志可想而然。是亭之建，韧始于邑人陈氏，所以寓思贤之意深矣。去古既远，遗基故址，荒芜不治，识者惜之。

邑大夫戴侯以古心行古道，三年为政，一本于平易宽和，未尝轻役其民。一日，庚止泮宫，携诸生登山之巅眺望，一再有契于心，欣然谂诸众曰："山不在高，有仙则名。临武虽壤地褊小，而有此山，有韩张古迹，闻其风而兴者，尚庶几不自菲薄，诸君其亦尝念及此否乎？"众谕侯意，咸愿有以相其成。于是，下教命工计度，材委直学苏鋐孙、县吏项毅董其役，俾邑教刘鉴提其纲，且谓："道不直则不见，我且直之乃芟乃夷乃鑿乃甃乃垣乃牖乃基乃构"，盖期年而后诸工有傚傚。夫有愿或作或息，不急不促，一以农为度。亭既成，董役者将侯之命，以记笔属予。

予惟斯役之作，盖将以表贤励俗，而非徒为美观也。且密迩文堂，采芹之士来游来歌，时一登览，溪山胜概，得之目睫间。俯视城郭，万井环布，长江绿绕乎其前，群山翠拥乎其后，笔峰插立，镜池光涵，周回四围，上下一碧，瑰奇诡异之状，远献近呈，左拱右揖，使人应接不暇。起吾胸中之梗概，翻吾笔下之波澜，亦足以相发抑有说焉。

乡前辈尝论县有三贤，韩张之外，东汉唐公羌伯游其一也。公永元中，以临武长上书谏罢海南生荔枝，以省民劳，高名清节，照映史册，与二公并为三。夫令职，远臣外官也，而直言得行，汉治为犹；近古御史，近臣也、内官也，而直言遭毁。世之不古，若有可感者矣！

今侯之宰斯邑也，蔼然著唐令之政声，从而慕韩张之人样，精神骨契数百载之前，肝胆相照数百年之后，三贤事业，固所优为。知己满秩，朝会有掖，而置之风日不到之处。衮衮登台省，指日事耳。变今之俗，反古之道，有不难者。因君怀古，故并论之。三贤英灵未歇，尚当往来山水间，闻予言谅亦为之首肯。于是乎，书侯名孟均字继安，号凤山，洛阳人，爱民礼士，观其所尚，可知其政。

　　时泰定三年丙寅夏五月下弦记。

　　南宋嘉定年间，这里盛传雷氏族人求学梧桐禅林的故事，其中尤以雷必奋较为耀眼。

　　距梧桐禅林不远，有一个村子叫晓言塘，居住着冯翊郡尚德堂雷氏族人。南宋时，族祖雷次远仰慕此地主持，送必奋、必达、必远三个儿子到其门下读书。必奋、必达、必远寒窗数载，文行长进。雷必奋于嘉定六年（1213）、九年（1216）两请乡荐，嘉定十三年（1220）中刘渭榜进士，官儒林郎、潭州教授。任内规范县学升州学、州学升辟雍、辟雍登太学的升学制度，严格提举学事司选拔，建立县学由县令兼任校长机制，促进地方官吏办学兴学。同时，推行学田制，确保学子膏火供给。尤其注重遴选师资，采取朝臣荐举，学官考试从严选拔的办法。提倡县学县教，亲聘县学讲席。当时，岳麓书院历经二百多年未曾修缮，廊舍亭阁多有损坏，雷必奋自告奋勇、董役其事，历经两载，终于完成，书院始得重放异彩。晚年致仕归里，雷必奋多次回访求学故地，介绍岳麓书院的学规学制，宣讲书院的教育方针、方法及学行并重的教育理念，述及学子求学与科举制度的紧密关系，鼓励学子通过科举考试获取功名、报效社稷，并慷慨捐赠经史图籍若干。不时，还设坛讲学，诠释书院"诚明、明时、敬义、日新、时习"的教育观念，把"崇德、广业、主敬、居仁、由义"的儒家思想融合在经典教义之中。推动禅林规制建设向书院的讲学、藏书、祭祀规制建设转化。雷必奋从教终身，教绩显著，其后代徙居长沙及其周边，从教者甚众，颇有书香之风。后叶落归根，魂归故里，葬于晓言塘村老祖山。

明嘉靖至崇祯年间，邓家祖孙三代先后求学梧桐禅林。

祖父邓世彦，字子美，明平田乡二都三里人。嘉靖三十五年（1556）贡生。幼入回龙庵读书，深悟好学，择地而蹈。嘉靖四十一年（1562）临武壬戌之役，粤寇千余攻临武城，情势危急。邓世彦与辞官回乡的司马刘尧诲协谋招募壮勇驱敌，城得以保全，后邓世彦以军功拜云南楚雄府通判。楚雄地处边陲，时武定盗寇首领凤继祖叛乱，震惊全境，朝廷命其征剿。邓世彦出谋划策擒获贼首，征剿全胜，皇帝赐以金帛，并晋升邓世彦为武定府同知。土司制度实施改土归流后，有土司不服而叛，一时声震滇中。邓世彦兼署寻甸府，不久擒贼首凤历，再获朝廷钦赏。府沿周边狮山之麓，虎患严重，常以噬人，邓世彦用道术施祈，明日，虎死于路。宪副张天福为勒"异政碑"。邓世彦尤注重学校建设，在滇期间，凡三署郡而三建学，以身为训，民风应变。皇帝敕曰："雅有士望，贡于春宫；筮仕黔南，服在倅乘；贤声茂著，朕是尔嘉。兹特授尔阶奉政大夫，锡之诰命。"去郡日，士民遮留，所在立祠。

邓世彦自云南归来，居家十余年，以读书养性为事，刻《心斋集》，于家族立宗祠族谱，吉凶典礼一禀古法。时人称"粹然淳正，不负所学"。

邓世彦生平，见清嘉庆二十二年（1817）《临武县志》卷三十三《人物志》。

邓学古，号慕梅，邓世彦子。年少求学回龙庵（台），博览群籍，卓然有左史遗风，由恩贡选任河南获嘉知县。万历二十二年（1594）在其重修庵记中曰："予惟是庵自余先大夫暨余兄别驾公习静其中，与兹山白云相为宾主，而灵峰合沓，亦与予子姓为世讲有年矣。"著有《天常阁集》刊行于世。

邓应化，邓学古从子，字企圣，号正莽，尝读书龙回台。邓应化生平，见嘉庆二十二年（1817）《临武县志》卷三十三《人物志》载，原文如下：

邓应化，字企圣，号正莽，邑岁贡生。武定郡丞世彦之孙、获嘉令学古之从子。少颖敏，有大志。寻肆力于经史，条贯综洽，时人目为书府。性谨厚方严，绝美丽生殖之慕。士出其门者，课业而外，必兢兢以名义廉隅相勖期。尝读书金泉庵，攻苦忘休卧，致不亲枕簟者凡十有三年。一夕中夜，见伽蓝卫将忽跃起，应化恬不为异，遽摇手止之曰："毋！毋！"

其襟度类如此。参戎郑公，名琦，博而能文者，每钦
其高范，延至寝所，与谈累宵昼，抉古发奥，辄类引
当代时务，援譬臧否，宛然指掌，若可施为者。郑
顾谓其友侯允楞曰："此翁惆惆类迂阔者，今乃知之，
高知古，齐知今，此君殆兼之矣。"邑令李公振麟举
为义学师，月主课会，士林宗之。年八十二终，学者
咸惜其不偶云。

近邻上潢村洁溪黄氏之开基祖熙叟公，其子孙数代
受教于梧桐禅林。

黄熙叟，字必成，号东昇，生于元成宗二年（1296）
三月二十九日，殁于明洪武二十年（1387）正月二十三日，
享年九十有二。生六子，齐芳、晋芳、楚芳、景昂、景觍、
景豪。早先所生三子：齐芳、晋芳、楚芳俱勤王而卒，为
求嗣，舍地于梧桐禅林建崇贞观，而后生昂、觍、豪。

黄景昂由禅林启蒙受教，后经县（州）、府、省学
层层选拔，进入中国古代教育体系中的最高学府国子监，
肄业后由太学生授台州州判。

黄景豪，字士杰，生于元至正三年（1343）正月初十

日，殁于明永乐十七年（1419）三月初十日。幼入禅林，后以制科授云南楚雄县知县。明洪武中云南归顺，仍任原职，时人称之。门额题曰："郡牧郎官第，忠臣孝子门。"

黄鉴，字永明，黄景豪仲子。明天顺八年（1464）选贡，初授四川广安州吏目，后升本州州判。上潢村东有一棵银杏古树，相传为黄鉴致仕归田时，树苗由其随身携带返回，并亲自栽种的。1991年上潢村黄氏族谱载黄程达文《白果树记》：

白果树大可十余围，高约十余丈，其叶呈扇状。

上潢村银杏古树照

每年春末叶始发，翠绿满天，浓阴蔽日，盛夏村人纳凉于树下。夏末始结果，初呈青色，遂转金黄。传此树为永明公黄鉴于明天顺年间，任四川广安州判致仕归田时置于轿内带回。

黄誉，又名誉远，字德孚，号宏中，黄鉴第四子，生于明天顺六年（1462）五月初二，殁于明嘉靖六年（1527）九月初四。明弘治八年（1495）乙卯科乡试第十二名，授四川大邑县知县。少时耿介不苟，及筮仕川邑，惟以汰费恤民为事，修葺不足，辄割己俸佑之。又常捐俸以给生之贫者。若自奉，则止具蔬食，劳瘁日甚，遂殁于任。枢回之日，裳箧萧然，邸寓衡阳，无以为家，瘗骸别野，无以成礼，后改葬归。伤哉痛矣！人称廉官。

明嘉靖年间，刘司马尧诲、曾宗伯朝节两个白马少年相继入禅林求学，其琅琅书声，平添了禅林几多灵气；其亮丽倩影，又赋予了禅林几多活力！此后，随着刘司马尧诲、曾宗伯朝节功名益显，官声愈大，梧桐禅林作为他们的启蒙修学之地，影响更远，名声更响，由此这片名为龙回台的禅林之地进入了鼎盛时期。

第三编　双星闪烁 ————————

亭亭南轩外，贞干修且直。

广叶结青阴，繁花连素色。

天资韶雅性，不愧知音识。

——唐·戴叔伦《梧桐》

清乾隆十三年（1748）楚南刘氏宗谱——《彭城刘氏宗谱》载有与可公四子连、达、远、近开枝散叶，瓜迭连绵之盛况。

刘与可，江西行省吉安府泰和县仙槎乡九都磨盘州人。"元末与可公两榜进士，名冠士林"，"与可公之子连、达、远、近四人来游南楚"。连、达二公归，远、近二公落业临阳，乌溪刘家、葡萄湾、白竹寨诸屯为远公后裔。

达公子济美生子六，第六子太十郎随祖辈远、近二公由江西徙来临武，分居銮一乡下洲村。至二世刘万二十，于洪武初建庵施田于梧桐山。其谱《重修梧桐山碑序》曰：

洪武初，世祖刘万二十柯梧作柱，镇群木之形；白桐截琴，协和凤之音。盖凤非梧桐不栖，梧桐非凤凰不著。昔刘祖号万二十郎，于洪武初登厥地焉，见山川翠丽，龙势蜿蜒，遂建一庵，因地凤形，而得名梧桐山，久为胜景之望，一方之据也。

迨至隆庆，年几二百，规模虽存，精莹难载，于己巳之岁卜吉修葺而精致如故。时邑公司马龆龄于兹肆业，鸢坡预兆官至尚书，赠之匾曰"锦凤禅林"，翰墨来至，一品彩色，光腾四壁，而庵又焕然益新矣。

第年风雨相侵，绸缪未暇，旁庞将以倾圮。刘先君目击心伤，于天启之年复修，重建栋宇，辉煌以续，望垂久远。不意乾隆丙寅年仲冬月，住僧焚香燃于殿宇，佛祖皆登西域，规制尽若丘墟。由是刘氏咸族而议曰："今庵被火而毁尽，犹是前人遗迹。讵忍盛于昔而不盛于今耶？"是以大破悭囊，鸠工命匠，建殿宇于丁卯之岁，塑佛像于戊辰之年。将见美哉轮哉焕，丹楹绣栋，欣瞻殿宇之重新，曰公姓、曰公定，秀子贤孙，快睹福地之永丽矣。

予属管见，因丐不鄙，遂拈笔而为序。

廪生陈发甲撰，干缘刘胜俊、显逵、时捷、时伟、时择、时照、朝作、朝兴、朝佑、朝禧、迁震、时春、朝佳。

乾隆十三年戊辰岁浣秋月谷旦。

序中曰："时邑公司马龆龄于兹肆业，鸢坡预兆官至尚书，赠之匾曰'锦凤禅林'。"邑公司马，即明代大名鼎鼎的刘都堂刘尧诲。刘尧诲，临武人，为与可公三子远公后裔。刘万二十是与可公次子达公之孙，故清同治七年（1868）《桂阳直隶州志》卷二十七《小说》中载："梧桐山庵，明洪武初刘万二十建，盖凝斋族祖也。"刘尧诲号凝斋，刘万二十为其族祖。

序中关键之句在于"龆龄于兹肆业"。长期以来只知司马、宗伯相会禅林之故事，而未闻司马"于兹肄业"之事，且"鸾坡预兆官至尚书，赠之匾曰'锦凤禅林'"，也就是说，少年凝斋七八岁时在梧桐禅林读书求学，"于兹肄业"，其不倦之态可见。中进士，入翰林，任户部、兵部尚书后，为禅林赠匾，书之"锦凤禅林"。

刘尧诲（1522—1585），明嘉靖三十二年（1553）进士。初授江西新喻知县，以治行高等擢南京刑科给事中。时东南沿海倭寇劫掠活动猖獗，海防空虚，刘尧诲上疏论总制胡宗宪御倭失策，触犯权贵，辞官回乡。嘉靖四十二年（1563）以助守临武县城起用，补上海丞，迁顺天府丞，晋佥都御史，升福建巡抚，后以平海寇晋副都御史，调江西巡抚，总制两广，官终户、兵二部尚书，并参赞军务。刘尧诲是明代中晚期一位颇有影响的人物。他识今博古，经史贯通，文武兼备。既是文臣，疏奏论天下大事；又是武将，驱倭抗敌，攻营拔寨，所向披靡。为全面了解这位启蒙修学于梧桐禅林的少年学子，现辑录清同治六年（1867）《临武县志》卷三十三《人物志·名贤刘尧诲列传》，原文如下：

刘尧诲，字君纳，号凝斋。生有异征，美髯修貌，沉毅寡言，弱冠举于乡，先读书白云山，闻泰州王心斋学，辄与友人彭望之朝夕证验，悠然有得。嘉靖癸丑成进士，授江西新喻令，以治行高等擢留都刑科给事中。

时，东南患倭，势且薄南畿，公抗疏论总制胡宗宪失策。其略曰："有邲之役，三帅违命，《春秋》独罪林父，而略先縠等，重主帅也。迩者功罪不明，赏罚惟货，天下事大可忧矣。"疏入，相嵩领之。又直浙以被倭故，凡均徭银，俱先三年宿办，名曰"提编法"，民益困甚，公抗论，以为巧取民财，不如黜浮费，罢兴作，省冗兵。已而视内府藏，辄劾内外供应尚衣寺人，多所破冒培剋，条析极详。省局有不便者，遂阴中之。因引疾予告归，归益力学，不问外事。

壬戌秋，粤寇千余攻临武急，摄篆者不知所为，公率众乘城御之，且募艾家兵为外援，夺贼垒所树帜，贼惊，以为神，引去。里人立石以纪其绩。

久之，朝廷犹以前谮夺公谏职，士论为之不平，无何，就其家，起补上海丞，累迁上宝司丞。连丁内外艰，服阕，补顺天府丞，晋金都御史，抚八闽。

闽有巨寇林凤，劫掠滨海郡邑尤猖獗，公设方略，合方汉兵攻之，遂有东方魍港、吕宋国玳瑁港之捷，歼凤党，并擒倭朵麻哩诸众。而南澳一岛介漳、潮间，贼往来凭之为患，公奏设总兵居守，以断贼巢，遂以为例。在闽，过自检约，三年积小赏之美三万余金，以资公帑。晋副都御史，寻以单辞免归。

丁丑冬，起抚江西，疏蠲积年逋赋二十九万零。明年，擢公少司马兼御史中丞，总制两粤。公至粤，上疏曰：“臣受事以来，睹近日法令条章几不行矣。上下陵替，贿赂公行，无论官秩皆修筐篚以交于上，而军中之政，咸以贿成，互相党庇，有闻变，逸去，莫能诘者。夫使督军者，不得从军兴案功罪，虽集兵如林，何益？臣请得以军政条例从事。”乃禁馈遗，汰冗浮，核名实，惩贪冒，修器仗。先是诸将有纵贼林道乾免脱者，致伏法诛。公申言曰：“法惟行于将领，罚不及于文寮，非所以示公也。”竟按海防官不少贷，一时声威肃然。粤西郁林、木头等八寨，旧为梗巴，且并龙哈、唭咳二寨相煽乱。当新建伯王公守仁时，亦旋剿旋叛。至是，公始讨平之，酌善后七策，因乘胜讨灭猴岭鲍时秀，及擒斩倭寇海贼于东，两粤遂宁。乃条画粤西盐法，俾湖以南民不苦盐，而岭东兵饷皆裕。公益自节约，输所积金至三十八万，用佐军兴费。晋留台都御史、户部尚书，改兵部尚书参赞机务。会有诬公为故相江陵姻戚者，遂乞骸骨归，即衡阳家焉。

公神情凝淡，语必当机。与人交，貌疏而意真，久乃益笃。居常杜门，博极群品，凡天文、风角占候、地形险要、九彝情俗、漕挽盐策、诸经度世务之书，靡不谙习。盖以资实用，匪徒事淹洽也。

初与心斋讲究理学，后益与王龙溪、罗近溪、耿楚侗诸公订交研辨，往复商榷。及予告归时，耿公书"玩乾之占"为赠，公味其言，乃曰："学贵纯一，一累情欲，斯堕阴界。"学者以为格论。尝题联曰："经世每从躬洒扫，传心自许见庖羲。"又曰："归来仍白屋，过去总浮云。"观此，则所养可知矣。

在江西建濂溪书院，自为记。在粤时，时相江陵檄撤天下书院，公曰："此非盛世事。"惟两粤书院得无撤。

所著有《虚籁集》《历官奏议》《岭南议》《左传评林》《临武志》若干卷。

万历乙酉秋卒，年六十四。公以两广功，食从一品俸，受白金、文绮之赐者六，推恩及祖父母，以其官荫二。一以两粤功，一以三品奏最，卒赐葬祭。后宁夏以饷缺，致军噪，捡公先年两广积贮银三十八万两给之，始定。朝廷益思公廉能，加赠太子少保，入祀乡贤。

清同治《临武县志》封面照

刘明东，号一溪，刘尧诲父亲。性孝友，少攻举子业，雅好古文词。以贡丞浙之东阳。明东悉廉得其状，疑狱积案，无不称服。东阳文庙久圮，明东为经纪其费，不三月而成。委部南粮，旧例以补买诸费索取于民甚多，明东一并罢却，故饷早得完。屡乞休，士民争留之不得。归即杜门屏迹，常效欧、苏故事。为谱授族人，又捐所积，购地为祠，岁时率子姓祀其先。

刘文相，字廷弼，刘尧诲祖父。贡生，授抚州府学训导九年，升璧山教谕，寻以老疾致仕。著《养心杂录》四卷。

刘尧诲其祖父、其父亲皆为饱学之士，名闻一方，能将龆龄子孙送于禅林中"肄业"，可见当时禅林已名噪一时。

刘尧诲虽高居尚书，却心系故乡。明万历初年，张居正当政力主改革，时泰州学派作为心学主流，对张居正改革颇有非议。万历三年（1575），张居正制定十八条措施整规学风，其中一条就是清理书院，无论清浊善恶，一一铲除，毫不容情，认为读书就应该去官办学校读圣贤书，私自办学，妄议朝政，罪不容赦。谓之："吾所恶者，恶紫之夺朱也，稂莠之乱苗也，郑声之乱雅也，作伪之乱学也。"刘尧诲时任两广总督，认为清理书院"此非盛世事"，拒不执行，两广书院因而得以保存。当时，郴州桂阳一带食粤盐，因两广骚乱不止，交通梗阻，盐商屯居，盐价奇高，百姓受苦。刘尧诲当机立断，平息骚乱，整治盐税，打击奸商，粤盐进郴，畅通无阻。

在刘尧诲之后，又有一位翩翩少年受教于梧桐禅林，他便是被后人供奉为梧桐山神的曾公朝节。

曾朝节（1534—1604），字直卿，号植斋，明曾家岭人。嘉靖三十七年（1558）中举。万历五年（1577）以一甲第三名进士及第，授翰林编修，任职史馆，充《大明会典》纂修官。万历十三年（1585）以秩满升侍讲，编纂《六曹章奏》。万历二十年（1592）七月，升任国子监祭酒。万历二十二年（1594）四月，升南京礼部右侍郎兼经筵讲官，万历三十年（1602）正月，升任礼部尚书。

曾朝节自幼隽朗不群，警敏风发。其父曾锐，号松轩，有潜德，笃于孝友，读书不克自达，后供职于衡阳郡法曹掾。时朝节、朝符、朝简、朝笏四兄弟随父而读，晨夕课诵，琅琅达于庭际，郡守蔡汝楠异而问之，并将兄弟四人召至庭中试之以艺，大惊曰："若有如馨儿，翩然辈出，而犹逐文墨吏自若耶！是皆能翼汝青云之上者，大儿充其所造，则尤顾盼千里。"于是，曾父罢功曹，益以择师教子为务。正是如此，朝节返乡受教于梧桐禅林。为自勉，题"碧水印秋蟾，门外不知黄叶老；红尘飞野马，个中常伴白云闲"，告诫自己要静读诗书，莫管门外黄叶几时，要神闲气定，与白云伴度光阴。改旧名回龙庵为龙回台，意即神龙将在此出海，飞龙将在此升天。

这里的长猿、白狸见证了朝节晨夕苦读的背影，潺潺溪流映出他焚膏继晷的顽强，学海遨游，日有所得，自成一番情趣。盛夏，这里虽居深山却无蚊子打扰；严冬，这里虽茅草遍地，却无老鼠来袭。五夜青灯，他领悟书中一个个为人处世道理；三春书卷，激励他攻坚克难，攀越一座座课业高峰。

一天入夜，朝节如同归巢的倦鸟，恍惚间便进入了梦乡，睡梦中，红髯白发的山神飘然而至窗前，伸出舌头，上写一个"出"字，翻转来又是一个"山"字，似乎在告诉他，你学业长进，学满五车，才情横溢，才高八斗，可以出山了。梦未醒，陪伴儿子苦读的母亲福姑，端来清香饭菜，见儿子手捧书卷，睡意正浓，不忍打扰，便在侧静候，不一会儿，朝节带着笑意醒了，并将梦中情状告诉了母亲，母亲喃喃说："是呀，韶龄到此，将近十个寒暑，儿子高了、大了、长进了，是该出山一试了。"

曾朝节生平，见清康熙二十七年（1688）《临武县志》卷十一《人物志》，原文如下：

曾朝节，字直卿，号植斋，幼隽朗不群，警敏风发。……年十七，补博士弟子。嘉靖戊午举于乡，时甫二十四。会新安程天津讲王心斋格致之学，公从之游。天津举问"植斋"义，公曰："节，固欲自立也；植，则卓然无不立耳。"天津曰："心为性命之宅，诚欲自立，必于性命沃之，当无不茂。"公契其言，故为学以摄气敛神，近里著己为功，日与里中诸先辈考证切劘，若充然有得者。蔬水晏如，不事请谒，顾乃偃抑公车垂二十载。视同辈先后跻显秩，而公犹俯首事举子业不倦。初，未尝有几微侘傺之色，少自沮丧，其意量固悠然莫测也。

万历丁丑成进士，殿试及第第三人。授翰林院编修，直史局三载，迁侍读。辛卯典试南畿，取中沈演等。进国子监祭酒，累官礼部尚书，两典戊戌、辛丑会试，录顾起元及许獬等诸名宿，当时号称得士。

公在南宫兼侍经筵前后，疏凡三上，大端欲上修人纪以协天心，勤民事以培国本；斥谀佞以益圣聪，核请谒以端铨选；慎将选以申边防，汰冗员以裕国用。使庶政毕举，著为成模，执两用中，以时施措。反覆数千余言，皆切指时弊。上深嘉纳之，命置座右，以备省览。时，储皇初建，婚礼始成，上欲择老成以资匡导，以公充东宫侍讲。公每因事纳诲，旁征曲引，必归于道。东宫怡然采纳，遇公以宾礼，尊隆有加。常问孔孟之学何居？公对曰："博约为功，博则六艺、五经、百行、万善是也；约之则归于正心而已。去谗远色，正心之助也。"公班侍七年，规辅备至。上闻其忠勤，眷注独厚。将以枚卜推公，公屡疏切辞。

甲辰正月十日，公卒于京邸红井胡同，年七十。讣闻，上震悼不举，诏遣大学士李廷机、右谕德萧云，举谕祭葬如礼，赠太子太保，谥文恪。别遣官护丧归。

公，严毅端谨，不苟取与。虽历践清华，而简约不殊寒素，未尝一殖赀产以自私。曾蠲金建来雁塔于城北，为郡藩障。又购地立会馆于京师，额曰"瑞春堂"，为衡永郴士夫邸舍。又置义田以赡子姓之不给者，至今皆诵赖之。

公家于郡，常归省临族。族人以门外小径，碍于驺从，议甃石阔之，公不可。曰："径傍为邻家田，径益则田损，非邻之利也。"又议阔桥石，曰："桥下为涧，此无与于邻矣！"公曰："吾祖、若父，于此旦出暮还，不闻踬踣，吾其绳武蹑旧焉，可也。"其介而不夸，类如此。

公立朝二十八年，小心敬慎，履清行洁。意欲力挽颓波，匡迪国是。盖出其平昔讲学穷理之功，而措为实用。故非尧舜周孔之旨，不以敷陈。及疾愈，犹手书释解全史以进，殆岳岳有古大臣风，不愧也。公诗文皆慕富，蔚然成一家言。然，尝自斥为玩物丧志，比之刍块，可以知养矣。所著有《紫园草》《南园草》《易测》《经书正旨》《古文评解》若干卷。后祀乡贤祠。弟朝符、朝简皆相继登贤书。

清同治六年（1867）《桂阳直隶州志》卷十六《人物志》载：

朝节起寒门，致通显，无毁誉门户，时人比之李东阳，然所遇尤泰，曾氏独朝节。

居衡阳时，每至临武省墓，过族人门外，小径不容车马，或欲甃石阔之，朝节辞曰："径旁为邻家田，径益则田损，非邻家之利也。"其慎密如此。

临武先通籍为达官者，惟刘尧诲。然官迹在外，京朝官久且尊者独朝节，公车至京，皆以为归。

北京上湖南会馆·瑞春堂旧照

曾朝节在梧桐禅林成就了他的学业，同时，也成全了一份美满姻缘，其妻黄念贞即出生于上潢村。清康熙二十七年（1688）《临武县志》卷十《选举志·恩纶》载：

　　敕曰：朝廷锡宠臣工，恩及闺阃，不以存殁间焉，盖嘉其能助，而悯其弗终也。尔翰林院编修曾朝节妻黄氏，温恭有则，婉嬺无怨，相尔良人，克攻儒业，乃身亲勤苦，而弗睹显荣，亦可恻已。是用赠尔为孺人，歆承纶綍之恩，用慰糟糠之念。

亲戚洁溪黄氏族人编修宗谱，曾朝节欣然作序。序文曰：

　　往者余奉敕修校玉牒告成，及今得备员日讲兼起居注秩宗。会先室犹子黄用廷者来自临阳，余慰藉备至。居有

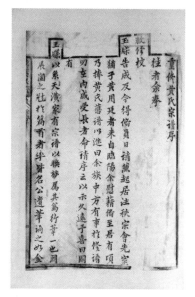

《新修黄氏宗谱序》卷首

顷，乃捧黄氏旧谱以进曰："余族中方有事于修谱，叨在内戚，受长者命，请序之以示久远！"予喜曰："国有玉牒，以系天潢；家有宗谱，以联族属，其笃行苐一也。"因展阅之，冠于篇首者，率皆名公遗笔，诵之如金钱掷地，铮铮有声，余复何赘？

第闻黄氏始祖德懋公由知宁远迁官于韶，道经武邑，喜山水之奇遂家于洁溪焉。余窃谅其非择而取必有激于忠义而然也，遂就宋史中稽其履历之艰、遭逢之险，恍会其忧国之隐衷直，可俟张陆诸公而无疑者。何也？公，东鲁青州忠良之世胄也，生于二圣北辕后，稔闻龙髯马角、冰天雪窖之冤日射晚霞。金都于汴，龟蒙凫绎之境寸寸入虏之版图。公憾武穆被诛、仇耻莫雪、姬公不作、夷狄莫兼，尚能俯首虏廷、受制犬羊乎？计惟有去，以延赵氏之残统，遂以迁官于韶之故家于洁水而居焉，是谓先得张陆诸公之肝胆者。

天眷忠义，一传而三凤起，再传而八龙见，犹凛凛于公之顾命，竟阎马丁当之世，耻与三凶四木同途，更切于蒙古之方炽。果尔合谋破蔡，假道及虞，而赵氏块肉随覆孤舟，公孙之毙于勤王，以忠义著而后先济美，有若贯之陈公所赞扬者。第憾落晖莫挽，山河尽羞，胡元主夏，而九十余年不见天日，即有仕元末如景豪者，亦知胡运就倾，真主已作，思击博浪之锥以了为韩心事耳。迨我高皇帝洗涤腥膻之天地，补葺破碎之山河，转夷为夏，公目于兹瞑矣！克温周立等蝉联入仕，递及永明，擢判广安，其子德孚以易经魁楚。

人文炳蔚，瓜瓞益绵，非谱曷为？绾结故祖，世经人纬之法，自谱其族，非徒忧贻拜墓之诚、而来贡真之谀已也。亦见先公于宋有武侯存汉之忠、夷齐存商之义，虽艰险屡经，而不磨孙祖相承，而益励忠义孝友，约为世守箕裘，俾作述重光、后先一德。今考传世十七、户开廿余、口计数万，而椒芬繁衍，科名赫奕，济济青衿，尽属丰年玉凶年谷，非世德培植之厚而焉有此？谱之制，五世一升，卅年一修，今日之举不容已也。

余叨门婿，先室之宠膺恩赠，亦皆公世德之贻，兹就创垂可继者次之为序，已见发祥之长而流芳之远矣。

　　夫迁岐者开周，逃荆者兴吴，家洁溪者顿成世族。家国之业虽殊，总见天眷忠良，久而弥笃。则为黄氏者，必有雷击枯株之咏，永续黄裳家声。补修玉牒若余之今日者，予将拭目以俟！

　　时皇明万历三十一年癸卯岁仲春上浣之吉，资政通议大夫、礼部尚书、日讲官兼翰林院学士、掌詹事府事、门婿植斋曾朝节顿首拜撰。

　　曾朝节赠上潢村的匾额"衣冠门第"，至今仍高悬在上潢村的门楼上。所题"世堂"二字仍镌在上潢黄氏祖

上潢村门楼匾额"衣冠门第"

祠的门楣中。

　　曾朝节尊儒术，忠君主，重纲常。作为万历中兴的能臣，为人谨慎、持身稳重、处事温和，不结党、不攀附。张居正当权，权倾朝野，万历皇帝登基后对其清算，朝中人士对楚南士子多有微词，唯独对朝节无非议。作为一个身居京都为官二十八年，经历了翰林院、国子监、詹事府、东宫、礼部兼经筵日讲官等多个衙门的官员。他贯穿于一生的从学之路、科举之路、从教之路、从官之路同样给后人多方面的启迪和昭示。

　　他熟读四书五经，潜心研究心学，著书立说，著作等身，是湖湘文化的重要代表。他启蒙于乡，求学于野，勤勉自励，补廪生、举孝廉、会试拔贡、殿试进士及第、位居探花，名震天下。从翰林院编修做起，历任编撰、侍讲、学士，再任国子监祭酒主持校

北京国子监旧照

务，后到詹事府任詹事，充东宫侍讲，称天子为门生，殊荣备至，尊贵有加。兼任经筵日讲官，为皇帝及众大臣讲授儒学纲纪，阐发明德、至亲、修身齐家、治国平天下的大学之道，诠释"为天地立心，为生民立命，为往圣继绝学，为万世开太平"的儒家理想。卒后赠太子太保、谥号文恪。

他认为人当为学，"不学不可以为人，则禽兽也"。其文《紫园草》卷一《蓉城学会录序》中曰：

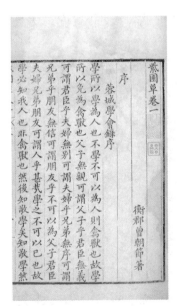

《紫园草》卷首

学所以学，为人也，不学不可以为人，则禽兽也，故学所以免为禽兽也。父子无亲可谓父子乎？君臣无义可谓君臣乎？夫妇无别可谓夫妇乎？兄弟无序可谓兄弟乎？朋友无信可谓朋友乎？不可以为父子、君臣、夫妇、兄弟、朋友，可谓人乎？甚哉！学之不可以已也。故学必知我人也，非禽兽也，然后知敬学矣，知敬学然后能诚意、正心而修身矣。今之名为学者而其学不出于此，岂非不自知其身之为人而非禽兽也欤？抑亦以不学之可以为人，而不至为禽兽也？

在《京都寄族书》中说："家即贫，为父兄者，亦宜训子孙以诗，教之以礼让。"

他认为为政者更应"贵学"。在《紫园草》卷二《赠瑞庭曾君令长洲序》中曰：

学者所以学，为政也；学不以为政，则无为贵学矣。平居未尝学也，骤然而与语曰："子之为政也，其必学焉？"其人必复之曰："吾求之于政则急矣，何必曰学此迂论也。"平居固尝学也，及其为政，幡然而改虑曰："吾向也学，今也政，学于政，不为赘疣。政与学为两事也。其友必谓之曰："学果不通于政乎，向又何学，为毋亦未有得于学哉？政安可不求之学也？"

他推崇教育"以真至善"，在清同治六年（1867）《临武县志》卷四十一《艺文志·衡山学明伦堂记》中曰：

> 夫地有至善，道亦有至善。君子修之哲，莫逾于
> 止至善也。故择学术必于孔子，乃为学术之至善。士
> 有知止者，处则为圣贤，出则为名世。为子必孝，为
> 臣必忠，兄弟必友，朋友必信，语必合伦序，行必中
> 矩程。

他主张教育当"培根铸魂，戒惧戒浮"。[嘉庆]《临
武县志》卷四十一《艺文志·学初纪略说》中记叙了他
在衡阳石鼓书院求教于理学大师程天津时师生间的一段
对话：

> 一见，问余"植斋"之义。余告曰："节之直也，
> 不植则不立。欲有以自立尔。"天津公曰："固也，不
> 犹之植木者乎？将以枝叶植之，与抑于根植之也？"
> 余曰："亦于根植之耳。"对曰："然则先生之根安
> 在？"余未有以应。天津公曰："吾人此心，即性命
> 灵根也。培养者，只于灵根培养，自然枝叶畅茂，开

花结实。不向根上用力，根既不固，而欲其淡泊能乎？"余乃恍然，悟为学之功，若此其易简。君子之戒惧，初非束缚劳苦于外，而束缚劳苦者，宜其一放矢，遂不能记忆也。天津他日示余二绝云："一种灵根天上来，几人知向此中培。津津生意无穷妙，叶自阴浓花自开"，"叶自阴浓花自开，枝头忽见已成梅。好将鼎内调美味，毋负当年苦意栽。"

理学家程天津，是明代著名哲学家、泰州学派创始人王心斋的高足。曾朝节从学程天津，专攻格致之学，秉持"宣情达理"的甘泉之学，弘扬"根植性命"的心斋学说，强调"培植灵根"，重视心灵修养，以达到高妙悠然的境界。

刘司马尧诲、曾文恪朝节，作为临武天幕上两颗最耀眼的星星，少年时代曾在此刻苦攻读，终成学业，这既辉煌了梧桐书院的过往历史，又激励了一代又一代后辈立鸿鹄之志。

刘尧诲在东南倭患情势危急之际，抗疏论总制胡宪宗失策，触怒权贵，辞官告归。返回家乡后的一天，心情郁闷的刘尧诲想去梧桐禅林散心，顺便看望一下尚在苦读的姨表兄弟曾朝节。兄弟相会，自然十分高兴。稍作寒暄，两人便携手进入殿门瞻仰佛像。刘尧诲认为表弟聪颖过人，学业又大有长进，遂出题比试。刘尧诲道："表弟，你看'殿中神掌，五指三长两短'。"曾朝节会心一笑，明白表哥是在考验自己，遂跨出殿门，抬手一指道："表哥，你瞧'山顶尖塔，七层四面八方'。"刘尧诲又有一题，"我说的是'菩萨有灵，殿中神掌五指能解三长两短难'。"曾朝节呵呵一乐，"我答的是'佛法无边，山顶尖塔七层可佑四面八方民'。"兄弟俩相视而笑。来到后山，山色青葱，烟斜雾绕，清流叮咚，珮叩环鸣，多好的景致！刘尧诲道："如此山水怎可辜负？"曾朝节答："那好，我们以山水出题，用山水作答，如何？"尧诲略作思索，说："山静松声远。"朝节答："水清泉气香。"随即掬上一捧泉水献于表哥，"你尝尝，这水不但清澈，还有一股淡淡的清香呢。"

　　沿着溪流，两人不知不觉到了山下，只见远处山峰云雾缭绕，忽浓忽淡，江中水汽云蒸霞蔚，似雾似烟。刘尧诲随口一吟："山笼寒烟烟若水，我眼中只有山水。"

曾朝节略有所思，爽朗答道："人迷幽谷谷做家，我心中还有人家。"

溪流在山间蜿蜒前行，却在陡然间跌入燕子潭不见踪影。刘尧诲想到人生的坎坷，迷茫的未来，脱口道："清冽溪流泻深涧"，朝节听后说："表哥，这联字字带水，清婉可人。只是略嫌低沉，却是为何？"尧诲便将心中郁闷合盘道出，话语间透出淡出官场作一寓公之意。曾朝节言："从'山笼寒烟'句中我看出了你的迷惘，从'清流泻涧'句中我看出了你的隐退心境。表哥，你年轻，正是血气方刚之时，你志大，怀有上天揽月之气。独善其身不是你的选择，兼济天下方是你的人生抱负。"指着梧桐山后的通天岭说："你是伟岸的高山，峻嶒岭岵嵿峭峰。你是耸入云霄、傲视群山的通天岭。"刘尧诲慨然叹息道："世相万千，两目虚空。吾求学梧桐禅林时，曾有一联曰：'落花不扫，啼鸟不闻，脱去尘埃忘色相；清风为朋，明月为侣，了然面目见虚空。'"曾朝节见表哥还是郁闷难除，便用一副自勉对联送给表哥。"碧水印秋蟾，门外不知黄叶老；红尘飞野马，个中常伴白云闲。"刘尧诲看着眼前这位稚气未脱的白马少年，必定是前程远大，飞龙升天。我这做表哥的理当虚能修己，静可观人，贤当述古，智足察今，事不避难，淡定前行。"表弟，懂了，就此相别！"遂策马而去。

那曾想，别后岁月，兄弟俩携手共进，上为天地立心，下为生民立命，兼济天下，纵横驰骋，终获锦绣前程。这是后话。兄弟俩梧桐相逢，真乃是：天资韶雅性，不愧知音识。

第四编　梧桐衰谢 ———————·

庭户无人秋月明，夜霜欲落气先清。

梧桐直不甘衰谢，数叶迎风尚有声。

——宋·张耒《夜坐》

明代末年，这里逐渐形成"庙学合一"的教育规制，儒者乐学、僧者乐佛，既学既佛、亦佛亦学，各得其所。这从禅林的布局和主要建筑物的格局中也可以看出端倪。

现存于嘉禾县档案馆的［民国］《嘉禾县图志》第五卷的"风景图十七"，是目前发现的仅存的一张梧桐禅林全景手绘图（见第一编第17页）。从该图中，可以看到整个建筑掩映在一片梧桐之中。通过走访当地，有老人回忆梧桐禅林的大致形貌：主体建筑一座，坐东北朝西南，中间是正厅，正门口端放两座石狮，大门直接进正殿，正殿横陈照壁，照壁前为护法神关公，后为天井，往里拾阶而上是金堂大殿，供奉三尊主神，中间是释迦牟尼佛，乃娑婆世界教主；左边是药师佛，乃东方净琉璃世界教主；右边是阿弥陀佛，乃西方极乐世界教主。释迦牟尼佛像慈眉善目，金光闪耀，端坐中央。两侧塑有两位护将韦驮、韦力，手持法器，守卫左右。左右两边分别是僧堂和生堂。左边有法堂（坐禅）、僧堂（住所）、斋堂、浴堂及西净、库房。右边有讲堂、宿舍、藏经楼及其他生活配房。整个建筑结构布局呈长方凸形。正面两侧左右对称形成品字，歇山式屋顶，一条走廊横跨左右。四周有围墙相隔，后山有一塔，前面有梧桐水井、洗墨池（泮池）。

清代顺治年间临武县人黄景真、黄景文兄弟捐资在主体建筑之东，建有一栋二层小楼，曰"清爽楼"，专为院内住持和讲席所用。

据清乾隆十三年（1748）下洲刘氏族谱《重修梧桐山碑记》载：

二世祖刘公万二十，宏大开业创芳声。于洪武初建庵一座名为梧桐山。施田十六亩，大小二十八丘，东抵庵门前，南抵桑林凹，西抵岭脚下，北抵湾侧田。又庵右荒田一段，前僧寂兴诵三宫经价买田一丘三亩，后僧明道赎买黄愿学桑林凹田一丘二亩。刘才化等施点灯田三丘三亩，刘世旺田一丘五分、庆佛田四亩五丘。

清嘉庆十四年（1809）季夏月吉日，下洲黄氏刻《施田碑记》，言此碑乃前代所立，年久毁坏，故今仍旧竖之。碑文如下：

莫为之前，无以裕后；莫为之后，无以承前。我祖乐善好施，塑佛置田亩于梧桐山供膳，甚盛心

下洲黄氏《施田碑记》

也。但多历年，原契照遗失，且虞日久混淆，人难免朦胧滋弊，心窃虞之，虑不克经久远而隳先绪也。因鸠工勒石，碑铭为记，庶继述其志事而永垂于不朽云。

计其施田伍亩，该粮贰钱四分八厘，花户梧桐山。生员黄久太、妻陈氏洗心塑装达摩一尊，左座供养，灵光一尊，右座供养，置田叁亩贰丘，地名石桥边；次男庆有施桑泥凹田贰亩叁丘，塑普贤一尊。

住持僧义仁。

旧之梧桐禅林属地主要在下洲村，亦称下舟村，村有黄、刘两姓。彭城刘姓始祖刘十太郎于元至正年间自江西泰和寻亲，来到临武定居下洲。江夏洁溪黄氏来自山东青州，始祖德懋公在广东韶州做官，病逝于任所，后归葬故里，跋涉至此，后代见其地山水秀丽、土地肥沃，故而定居洁溪，开荒造舍，繁衍生息，至明隆庆年间德懋公后裔一支定居下洲村。两姓共居，共建梓桑。梧桐禅林坐落于此，下洲村民捐其财物，呵护有加。

至清乾隆年间，禅林虽有学田、膏火田、点灯田、庆佛田四十余亩，然年收租谷仅有百担左右，往往入不敷出，捉襟见肘。

清朝统治者对民间私学采取先支持后控制的办法，先是怀柔政策，支持地方私学，之后逐步将地方私学分为两级，将县城私学官学化，延选师资，扩大规模；村级地方私学则边缘化，任其自生自灭。梧桐禅林因有特别之处，明嘉靖年间曾"于兹肄业"的户部、兵部尚书刘尧诲给此地赠匾"锦凤禅林"。当时，"翰墨来至，光腾四壁，一品彩绝，而庵焕发益新矣"，一度热闹非凡，盛况空前。然而，刘尧诲病逝于衡阳后，所赠匾额的光环失色不少，而禅林二字又在不断地发酵扩大影响。于是，一个个看破红尘，仰慕释道，热心经文的尼僧相继遁入禅林。"点青灯，伴佛像，诵经文"，一时成为一种潮流，"做功课法事，敲木鱼钟磬，诵经念佛声"，慢慢地盖过了琅琅读书声。"祭祀先贤，拔识诸生，推进课讲"则不断淡化，"庙学合一"相容相安、相互促进的和谐氛围不复存在，加之经费支出日见蹙迫。到了清代中叶以后，曾经兴旺数百上千年的求学之地遗憾地让位于晨钟暮鼓，五夜青灯。

清咸丰举人、觉罗教习黄云汉有诗云：

> 古径寻春处，茅庵下榻时。
>
> 病僧依鬼惯，瘦佛似人饥。
>
> 树密云生早，林深月到迟。
>
> 碧桃花正发，沽酒遣愁思。

这位满腹经纶，同治年间担任嘉禾珠泉书院山长的黄云汉举人，究竟是不是洁溪黄氏后裔，目前还没有可靠的资料予以佐证。黄云汉本想去禅林探春赏月，无奈看到的是"病僧""瘦佛"，不由得感叹"树密云生早，林深月到迟"，往日释儒欣荣的景象终究还是被"树密""林深"所取代了。

再之，清朝中后期，太平天国运动风起云涌，太平军一路夺关斩隘，从广西进湖南，湘南首当其冲。清政府一方面调集军队正面镇压，另一方面在地方组织团练，青壮男丁，十人为伍，双十为什，百人为团。清政府希求以这种方式将太平军淹没在团练的汪洋大海之中。这样日复一日，年复一年，最终生产荒废，民生困苦，梧桐禅林自然落寞了。

清宣统年间，这里就只剩下几个老僧"人间香火讬生涯"了。有李学镜的诗为证：

子身偶过梵玉宇，古木浓阴集暮鸦。

雨后农闲歌黍稷，月明僧定补袈裟。

炊烟奈此朝还暮，尘幻看他叶与花。

独怪金刚或百炼，人间香火讬生涯。

李学镜，清宣统拔贡，嘉禾人。他原想在这里再聆听琅琅书声，感受晚风清爽，无奈只有"补袈裟"的老僧，真是时过境迁，风光不再。

二十世纪五十年代，当地百姓以禅林院内建筑为基础，按照学校建设要求加以维修改造。1956年始招初小学生入学，沉寂多年的梧桐山又热闹了起来，清朗欢快的读书声又重新荡漾在梧桐山的上空。然而好景不长，在"极左"思潮影响下，学校撤离、道路被毁、寺庙所拥有的香火田亦物易其主。

1958年国家号召大修水利，改善农业生产灌溉条件，原和平公社（现万水乡）上潢村为得梧桐山水源之利，在其下游修造大冲水库。此水库实为农村骨干山塘，库容仅有二十余万立方米，集雨面积约为三平方公里，主要功能是灌溉。当时为了搜集建设材料，加快库坝涵闸建设速度，竟有人不顾学生上学，不顾千年古刹名声，撬走了铺设通往学校道路的石块，抬走了学生用于学习的石板石凳，就连学校门前的一对石狮子也被强行滚至山下，沉入库底（后书院多次组织寻找无果）。

1959年至1961年，百姓面临天灾与人祸交织而造成的三年经济困难时期，送子女上学困难，政府办学困难，导致学校撤销，大部分学生因此辍学，个别学生返回本村学校继续学业。

"文化大革命"期间，"破四旧，立四新"运动更是把梧桐禅林推向了灾难的深渊。所谓"破四旧"即破旧思想、旧文化、旧风俗、旧习惯，"立四新"对应于"破四旧"，则是立新思想、新文化、新风俗、新习惯，在一片"破"的狂热中，把一切古老的、文明的统统砸碎。梧桐山寺庙作为封建社会的产物，不几日，寺庙内所有的设施被毁，所有的经典图籍被抢，就连寺庙建筑也惨遭破坏。曾经被人们作为美谈的从教先贤、神话传说，变得人人谈虎色变、视为畏途。曾经被人们尊崇的神圣之地，也变成人们不敢靠近的罪恶之地。梧桐树衰了，梧桐叶谢了，只给人们留下了一段故事、一片记忆。

1976年，这里重新进入人们的记忆当中。为落实毛泽东主席"五·七"指示，号召大办教育，初中不出大队、高中不出公社。楚江公社水库大队在这里创办了水库大队初中部。创办之初，楚江公社特委派原水库学校校长楚江下谭家村人谭孟良为该校校长，主抓基建。学校主要利用原寺庙建筑材料建成了青砖教室三间，余为干打垒（俗称抖墙屋），计有男女生宿舍各一间，教师宿舍五间，伙房及后勤总务宿舍一间，这些房舍均为师生及大队民工就地取材建设而成。学农基地为原寺庙的香火田，最有特色的产品是魔芋，个大，品相好。

学校布局如下图：

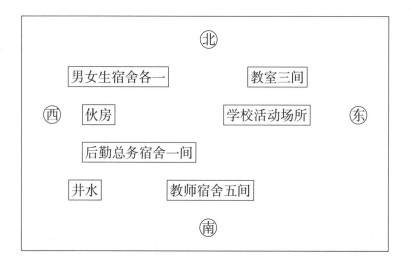

当时，学校规模约有学生140人，一个初中班、两个高小班。在校任课教师有钟贤斌（语文）、邓传作（数学）、黄天良（语文）、钟民权（数学）、谭化球（物理、化学）、雷安福（数学、化学）、卢国成（数学）、邓传学（数学）、黄军生（负责总务后勤并兼授农业技术课）。1979年改校名为楚江农业学校，在谭孟良调离后，钟名利接任校长并教授语文、政治。为加强学校建设，水库大队特委派大队长黄学期兼管学校工作，村支书黄田玉、副支书黄水仔也经常过问学校建设，帮助解决实际问题。

当时，任教的老师和学生都知道这是一方神圣之地，虽然时处特殊年代，但每逢吉庆喜事，学校还是组织师

原楚江农业学校遗址

生在寺庙遗址处虔诚祭拜。

1979年，为了适应"多出人才，快出人才"的要求，集中优势教育资源兴办重点中学。学校布局实行重大调整，梧桐山楚江农业学校列入调整计划之中。翌年，教学设施设备悉数搬走，梧桐山重新归于沉寂。

二十一世纪初，这里已经是一片荒芜，徒留林涛拍地，山风呜咽。

第五编　盛世华光 ————————

凤兮凤兮非无凰，山重水阔不可量。

梧桐结阴在朝阳，濯羽弱水鸣高翔。

————唐·张祜《琴曲歌辞 司马相如琴歌》

2010年，时已81岁高龄的雷国晶致信临武县教育局和县政府，认为梧桐山办学历史久远，出仕学子众多，文化内涵丰厚，研学环境优美，学校应当恢复，后得临武县政府回函支持，但苦于财政困难，言以民间推动为主，政府支持为辅，广开门路，广泛筹资，共同推动梧桐山学校恢复。

雷国晶族祖乃宋时在此求学出道、后中刘渭榜进士的雷公必奋。雷国晶1955年毕业于上海外国语学院，专攻俄文，毕业后就职于国家地质部，后因大批苏联专家来华支援国家建设，便调入核工业部专事俄文翻译，随同苏联地质矿产专家、核物理专家去祖国南方各地寻找铀矿石，其中包括湖南郴州金银寨、广西

雷国晶练习书法照

钟山红花镇、江西乐安相山等，这些地方后来建立了代号为711、712、713的铀矿开采基地，为我国"两弹一星"特别是原子弹、氢弹的爆炸作出了杰出贡献。后来，雷国晶投身教育界，先后在湖南省地质学校、临武县第一中学、临武五中（麦市镇马渡村）、楚江中学任教，执教于三尺讲台，育人才历数十春秋。正是这种对教育的矢志不渝，对育人的家国情怀，雷国晶不顾年高，倡议建设梧桐书院，以求再圆教育梦想。

　　嗣后，社会各界纷纷响应，有识之士慷慨解囊。郴

州夏生南方矿业公司、郴州乾通房地产公司、郴州小埠养老服务有限公司等热情相助，捐资百万。郴州市慈善总会共襄大计，充当捐资保管、使用监理职能。郴州市教育基金会、临武县教育基金会倾心相帮，筹资捐书。在基础设施建设处于艰难之时，郴州市、临武县两级政府立项支持，依规拨付款项。临武县教育局、中国移动通信集团湖南有限公司临武县分公司、临武县茶山矿业公司、湖南恒泰项目管理有限责任公司帮助解决管网建设及所需桌、椅、板凳等教育教学设施设备。

2013年，书院建设进入规划设计阶段，书院规划用地三十七亩，规划控制用地七十二亩，其中，楚江镇下舟境、矮子坪村民捐献书院用地二十亩，万水乡上潢村村民捐献用地十七亩。楚江镇政府、万水乡政府机关工作人员协调解决建设和办校中的具体事宜。临武县各有关部门依照工作职责妥善处理相关事务，并在审批、办证、立项工作中予以优先、优惠。时任临武县县长刘达祥、副县长刘久正亲力亲为，现场调查，并首先修建了下洲至书院道路。

2018年7月13日，郴州市教育局副局长邓伟元、市教育科学研究院院长秦文玲、副院长廖小平，临武县人民政府副县长郭应湘，临武县教育局局长文道斌，楚江镇主要负责人陈临江、唐志专，临武县舜发投资集团副总经理黄守标，在楚江镇政府会议室就梧桐书院建设中的有关问题召开联席会议，会议主要内容如下：

一、定名梧桐书院。

二、确定为县直教学机构，并在教学设备配置、教师安排等方面予以优先。

三、书院功能定位在"三为主"上，即书院教学以培训为主、培训以短期为主、科目设置以国学教育的普及传播为主。

四、书院培训对象应与国家乡村振兴战略结合起来，与产业发展结合起来，与社会建设、健康养老、亲子爱幼结合起来，与行业发展、事业进步结合起来，全方位接纳愿意接受国学培养、国学研学活动的各类群体，建立乡村、社区、企业、学校、营房的国学联系网络。

临武县教育局先后两任局长文道斌、卢池云多次深入现场调查研究征求意见解决实际问题，他们是梧桐书院建设办学过程中的热心支持者和重大贡献者。临武县人大常委会主任谭晓亮，临武县政协主席肖柏茂，原临武县第三中学校长、现郴州市六中观山学校校长王继兵，既是书院建设的谋划者，又是书院发展的推动者、实践者，他们从书院的功能定位到师资力量的选配，从国学教育的课程设置到培训活动的方式方法，献计献策，倾注了大量的心血。

2020年3月18日，临武县教育局发出15号文件，提出支持梧桐书院发展若干意见：

一、支持梧桐书院开展国学教育活动，尽一切力量为梧桐书院提供国学教育师资和学生资源，结合主题党日、团日、工会等活动，积极组织员工赴梧桐书院开展国学教育活动，大胆尝试各种国学教育形式，营造国学教育氛围。

二、支持梧桐书院开展春游、踏青、夏令营、冬令营之类的旅行研学和综合实践活动，全年各不少于两次。

三、支持梧桐书院加强师资队伍建设，根据临武县人民政府专题会议纪要【临政专阅〔2018〕19号】精神，梧桐书院设五个教师编制。为充分调动教师参与梧桐书院教学管理的积极性，吸引优秀教学管理人才，健全书院管理体制，自愿或轮派去梧桐书院工作满一年的教师，确认为乡镇工作经历，享受同等条件下优先晋升晋级，评先评优等待遇。

2020年9月24日，时任临武县委副书记、县长尹海莲，率县直机关有关部门负责人到梧桐书院就新冠肺炎疫情下规范书院管理、完善有关制度、开展研学培训、办理相关证照等问题进行调研。副县长余亚军、王雄、周作林、李强发、文国民、文教仁等就书院建设及办学过程中存在的问题按照分管范围实地察看，支持解决。

2021年1月5日，时任临武县委书记刘杨到梧桐书院，主持召开调研会，专题研究梧桐书院发展有关问题。会议听取了梧桐书院的情况汇报，对提出的问题进行了认真的讨论，并达成一致意见。会议认为，梧桐书院作为临武文旅产业的标志性建筑，开院以来积极践行"崇学厚文，见贤思齐"的办学宗旨，充分发挥国学教育基地的传播示范作用，为宣传临武，传播国学文化作出了较大贡献，但制约梧桐书院后续发展的问题仍然较多。为保障梧桐书院的后续发展，必须解决好道路建设、土地、校舍相关手续办理、运转经费拨付管理等问题。会议明确将梧桐书院道路纳入通天山景区规划建设，对现有连接楚梓公路进行降坡、拓宽处理。会议要求由县自然资源局负责梧桐书院一、二期建设用地的测量、报批、调规工作，县舜发投资集团全权负责相关手续的办理，楚江镇负责提供调规所需的相关资料并协助办理梧桐书院不动产登记办证的各项手续。会议要求县舜发投资集团在2021年上半年完成梧桐书院资产收购工作。会议强调对梧桐书院的运转经费要特事特办，保障正常运转。

书院建设施工单位负责人雷明远、雷明环依照规划方案设计图纸，克服重重困难，完成建设任务。建设时间从2017年3月开始，历时一年半，2018年11月29日正式授牌挂牌开院。

建筑依照新式书院格式精心设计，突出讲学、研学、培训、藏书四大功能，以慈贤堂、乡贤堂、聚贤堂、晋贤堂、礼贤堂五个单体建筑组合成一个四合院式的建筑群，分教学区、生活区和祭祀区，建筑面积七千余平方米。

"慈贤堂"以陈列先圣先贤孔子石刻、布展历朝历代出仕学子、学问大家画像、格言警句、诗词歌赋为主要内容，突出国学教学的慈善、仁义、智勇、孝礼、合和。

"聚贤堂"为书院讲堂，内设现代化教学设施设备，意即群贤汇聚，共处一堂，共研国学之要义，共同弘扬中华传统优秀文化，赓续中华文脉。

"乡贤堂"内供奉百名乡贤寓贤，以"卓哉群公，懋修厥职。泽被生灵，功垂社稷"和"于维群公，学秀兹邦。懋修卓行，奕世流芳"为祝文，激励后生晚辈以前辈贤达为楷模，为天地立心，为生民立命，为往圣继绝学，为万世开太平，治学修身，兼济天下。

"晋贤堂"塑有独占鳌头读书郎石刻，意在激励莘莘学子，潜心苦读，不占鳌头不罢休，为苍生社稷作出更大贡献。

"礼贤堂"则寓意礼待天下学子，笑迎八方来客。

　　书院布局前设照壁，正面书"梧桐书院"院名，反面书书院院训"崇学厚文，见贤思齐"。前坪作活动用地，中坪用于设坛讲学和礼仪培训。左右设文化长廊，以花岗岩为材料，镌刻有《习近平总书记论传统文化》以及《大学》《楚辞》等全文。洗墨池、梧桐井也布局其中。为书院定制的铜钟、大鼓目前陈列在国学研学中心以待钟楼、鼓楼落成。藏书楼则安排在礼贤堂一侧。幸赖各方捐献，目前上架已藏三万余册，新版国学图书一应俱全，文学、史学、哲学书籍几占大半。其中国家图书馆捐献了第一批至第四批《国家珍贵古籍名录图录》及其他典籍文献计近百册，这是国家图书馆捐献给郴州市的首批珍贵图书；湖南大学岳麓书院、郴州市职业技术学院、郴州市教育局、郴州市经济技术开发区管理委员会、郴州市教育科学研究院、郴州市教育基金会、郴州市文学艺术界联合会、临武县政协、临武县委组织部、临武县教育局、临武县教育基金会等单位，精心确定书目，捐献各类图书上万册；更为可贵的是，一大批中小学生将自己珍藏的图书也捐献给了书院藏书楼，尤以湘南学院附属小学、临武县第三中学、临武县第一完全小学、临武县楚江镇中心小学组织捐献的数量最多、质量最好；国家统计局办公室（国际合作司、政策研究室）主任雷小武先生，情系书院建设，个人捐献珍藏线装图书多函，其他图书三千余册，是为图书捐献数量最多者；郴州市经济开发区原副主任全宏善、长沙铁路局原局长李府玉各捐献图书上百千册；郴州市文史研究会借编纂《郴州通典》之机，遍搜天下郴州文献典籍，得各种孤本、稿本、抄本、善本图书216种，2022年7月将各种底本之影印件珍藏于书院藏书楼中，以弥补文献典籍馆藏之不足；2024年5月19日，郴州市文史研究会将耗时五年之久编撰而成、由国家图书馆出版社出版的《郴州通典》一套186册捐赠给梧桐书院。

书院建筑突出湘南民居风格，青砖、紫瓦、白墙辅之以骑墙、飞檐，饰之以格窗、铜锁石制洗具。加之十二副楹联，十二块门匾，二十四幅字画衬托其中。门匾、楹联以楠木为材质，聘请著名书法家题写匾名，题写者有中国书法家协会副主席吴东明先生，北京市书法家协会副主席丁嘉耕先生，中国海洋书画家协会副主席李奎忠先生，南京书画院院长雷晓宁先生（聚贤堂《骏马报春图》、北京人民大会堂壁画《万马奔腾》作者），本地书画家李鹤林、骆生加先生。楹联撰写者有中国著名楹联学家、中国对联文化研究院研究员、南京文史专家邓振明先生，中国楹联学会副会长何小平先生，本地楹联学家周卫民先生。

梧桐书院是临武县全面贯彻中共中央、国务院《关于实施中华优秀传统文化传承发展工程的意见》的产物。在相关文件精神指导下，梧桐书院弘扬国学，注重中华文脉的传承传播，修心开智，培育培养国学精英，精细管理，力争建设国学教育新高地。

梧桐书院秉承感悟先贤之路、践行知行合一的研学方式，通过直视心灵，激发国学热情，激活生命潜能，激励学人追求。沿袭传统书院功能，增添现代书院元素，与圣贤为朋，与经典为侣，为往圣继绝学。梧桐书院的理念坚持人文精神与科学理念、传统国学与现代学术、古代艺术与现代技术、学术研究与通识教育、院内研学与院外旅学相结合，坚持走出去、请进来，建立广泛联系，潜心打造学训品牌，开展丰富多彩教学活动。

目前，这里挂牌为郴州市中小学生校外活动基地、临武县国学研究基地、临武县旅行研学基地、临武县中小学生综合实践基地。梧桐书院以基地建设为依托，建立国学研发管理体系，使之成为传统文化传承的文化教育基地，现代教育体制的重要补充场所，美政、美企、美家、美人心的精神乐园，区域文化旅游的人文景观，对外开放的靓丽名片。

梧桐书院以"崇学厚文，见贤思齐"为院训，以体现知行合一、学行一体的教学理念。通过聚贤、礼贤、晋贤、慈贤，树立崇学品质，追求贤明品格，培育励志精神。梧桐书院以国学教育为重点，以专家传授、个人研修、同伴参悟、活动参与为重要方式，采取成人研修、学生研习、营地研训、特色研讨四种形式，灵活安排研训时间。当前，国学教育已经列入中小学教学课程，梧桐书院先行先试，通过国学经典夏令营、少年国学冬令营、传统节日庆祝、传统祭祀活动、各界先贤纪念活动，提升国学氛围，促进国学教育，以此建设现代化教育体制的重要补充场所。

梧桐书院还积极与国家扶贫战略、乡村振兴战略相结合，与社区建设、产业发展相结合，与健康养老、亲子爱幼相结合，与行业发展、事业进步相结合。建立乡村社区、企业机关、学校营房的国学网络，使梧桐书院成为全社会国学教育研究的推广服务中心。目前，已挂牌有郴州市教育基金会爱心传承社会实践基地、郴州市文史研究活动基地、郴州市作协创作活动基地、郴州市书画院采风创作基地、临武县教育基金会爱心传承社会实践基地、临武县人民政协"书香政协"活动基地、临武县关心下一代工作委员会实践基地、临武县委党校历史文化传承现场教学基地、临武县妇女联合会"家庭教育"活动基地。我们相信，梧桐书院完善的培训教育功能，书院的人文禀赋，书院院群的特色布局，丰富多彩的研学活动，终将给地域教育文化建设增光添彩，这方千年兴学胜地也将再现盛世华光。

梧桐书院的师资主要来自三个方面。一是院外聘请，二是教育部门专职配置，三是在市县国学教师专家库中遴选。院外聘请主要来源：一为山东曲阜孔子研究院的专家学者，二为湖南大学岳麓书院的专职教授。曲阜是东方圣域、孔子故里。梧桐书院高瞻远瞩，以高起点、高要求、宽视野选拔聘任高水平师资，聘任孔子、孟子、曾子、颜回后代中的学者为书院授课教师。

较为著名的有孔子七十六代孙、山东曲阜孔子研究院特聘教授、曲阜中华文化促进会主席孔令绍，聘任他为梧桐书院名誉院长。2013年11月26日，习近平总书记到山东曲阜孔府及孔子研究院视察，孔令绍是解说人之一。他还曾任曲阜市委宣传部常务副部长，是"全国五好家庭"荣誉称号获得者。作为孔子后人，他热心传授儒家学说，解读儒家经典，撰写《曲阜赋》（《光明日报》2008年2月21日），专著有《曲阜赋：东方文化的密码》（2018年文化艺术出版）。作为"全国五好家庭"荣誉称号获得者，他注重将传统优秀文化与新时代家庭家风家教建设结合起来。

还有孟子后代、山东曲阜师范大学孔子文化研究院研究员孟东琳，颜回后代、曲阜实验学校语文高级教师、中国孔子基金会孔子学堂特聘讲师颜保华。还有湖南大学岳麓书院教授、博士生导师、哲学系主任殷慧，湖南大学岳麓书院教授、博士生导师、船山学社基地特约研究员陈力祥，湖南大学岳麓书院发展基金会创始发起人/副理事长、湖南省中小学教师发展中心"国培计划"专家导师黄培莹等。

　　他们独有的文化背景、家庭环境、学术氛围，使他们能够多视角解读国学经典，传授国学文化。对广大学员来说，这是一道文化盛宴，一种美的享受，收获匪浅。

第六编 艺文 ————

一、诗类

梧桐书院

马治平

群山环抱色空濛，千百年来半枯荣。

今日又作国学语，才知晓达莳梧桐。

又

楚江千古由鸿蒙，万里长江一地荣。

探花遗风今犹在，凤凰高栖向梧桐。

和鸣百凤拜梧桐

苏家澍

千年教化启鸿蒙，盛世弦歌焕欣荣。

桃李不言蹊载道，和鸣百凤拜梧桐。

春日结伴梧桐书院

李映山

结伴书院暖日春，梧桐吐翠鸟蝉鸣。

五贤肃穆歌文曲，先生扬鞭赞太平。

炊烟早已随风去，书声却留脆生生。

神明高悬澄玉宇，尼山弦歌天籁音。

梦中忆临武梧桐书院

颜保华

梧桐书院位于湖南省临武县楚江镇梧桐山下，作者于2019年5月应邀来此讲学。

独醉西窗不自知，清风又惹旧相思。

梦中几度梧桐雨，却念潇湘夜半时。

无题

颜保华

西窗独酌又三更，袅袅芙蓉梦里生。

五月暹罗相思雨，可知柳絮满京城？

梧桐书院感怀

邓国贤

青山绿水拥书院，黛瓦白墙藏文章。

童颜呦呦歌明日，鹤发朗朗唱承传。

孔孟缘何孙徒续，经纶世代可溯源。

集贤深阁存千古，解惑百姓益万年。

梧桐书院

邓湘宜

桐柱南天着凤栖，院通山麓士风奇。

寒窗十载潜心苦，头甲三名黄榜题。

几副楹联寻古意，五贤堂语论晨曦。

犹将热血酬乡愿，琅琅书声终可期。

题梧桐书院

黄正学

山幽林静五贤堂，浩荡清风著秀章。

明有尚书吟古韵，今拥志士写辉煌。

梧桐聚凤千秋颂，名院集贤万里扬。

德传四海舟村旺，文誉五洲翰墨香。

游梧桐书院

曹金华

有凤栖梧桐叶新，九弯山路客来频。

神州又奏复兴曲，赓续千年文化魂。

游梧桐书院祭曾尚书

谷达光

少年励志跃龙门，夜半读书遗旧痕。

户外秋蟾沉碧水，山中野马啸闲云。

官居礼部忧国事，情系苍生惠子民。

院里儒风熏客醉，梧桐无语蕴诗魂。

访梧桐书院

谭德楠

风轻书院静，苔绿井波凉。

摘句留诗锦，挥毫品墨香。

游梧桐书院感怀

黄克新

梧桐引凤掩深庵，独占文峰马首瞻。

簧院林深灵气绕，欣闻彦俊步云巅。

观梧桐书院

刘　浏

梧桐引凤驻贤堂，不负流云唱雅章。

借问修学何处去，当随礼部尚书郎。

梧桐书院

李恪葵

白墙黛瓦院，碧水印秋蟾。

野马红尘逸，梧桐叶正欢。

有感梧桐书院

骆生加

三面环山景色妍，梧桐香雾罩通天。

龙回台上集灵气，清爽楼中育俊贤。

二品双星名显赫，一人独诰誉峰巅。

重修书院千秋业，学海行舟耀万年。

秋游梧桐书院

王 健

梧桐直向九重霄，书院秋香分外娇。

金灿黄花蝶凤舞，流芳伟业铸基牢。

重游梧桐书院

李任传

书院深幽沐翠微，临宜骚客溢心飞。

门楼光耀增鸿彩，亭阁披霞映素辉。

一代先贤名望远，百年遗迹功名垂。

弘扬国粹传经典，满载诗书暖意归。

梧桐书院

郭文龙

笃勤学子择幽居，负笈梧桐奋读书。

十载寒窗多寂苦，三更灯火少安舒。

庭前不问春秋老，门外任由树叶疏。

默默耕耘花静待，一朝破壁誉京都。

谒梧桐书院

周卫民

梧桐树老白云闲，啼鸟飞花不计年。

寂寞临池勤洗砚，空灵寄意漫调弦。

孤灯伴月研经史，小径寻芳究物源。

锦绣文章凭健笔，龙翔凤翥艳阳天。

游梧桐书院有得

周卫民

梧桐院静沐儒风，扑面书香韵自浓。

仰慕乡贤知道远，人生梦罢见虚空。

梧桐书院擂鼓

雷长平

梧叶如诗五凤临，清风韵律探花吟。

铮铮洪悦传正气，原是贤达策鼓音。

二、词类

行香子·梧桐书院

陈荣华

草逗鸣虫，惊落梧桐。喜山间书院葱茏。落花不扫，
星月为朋。叹山中枫，腹中墨，画中虹。

华章千垄，经年功耸。愿扬名立万无穷。大学论语，
乐傻书童。纵骚风来，骚风去，总从容。

鹧鸪天·参观梧桐书院抒怀

肖德飞

国粹书香千古扬，修身养性乃纲常。尚书前彦勤十
载，庭院先风播万乡。

栖锦凤，聚贤良，折服胜景美风光。虽无谋与曾翁面，隔世犹觉翰墨香。

采桑子·梧桐书院

肖建国

忽如南风扑面来，日月色暖，却是深冬，满眼温馨送我怀。

季月羊城还阴雨，醒眠牵挂，祝福万千，捧得吾心往尔哉。

又

流年容易催人老，卿本多情，长恨离别，青衫泪湿酒已醒。

昨夜楼高西风轻，明月稀星，好梦留人，何处梧桐凤一声。

注：肖建国，湖南嘉禾县人，花城出版社原社长，著名作家。

三、辞赋类

梧桐书院赋

雷晓达

五岭腹地，通天山麓，梧桐深处，景丽月明。红日松间照，清流石上行，风为霓裳水为佩，鱼翻藻鉴鹭点汀。仰可接飞猱，俯可闻蹄声。春来花溢，夏蝉长鸣，秋枫染丹，冬景清明。天生丽质，纳福胜地，先人结庐，书院天成！汉名白马，唐宋石龙，明题龙回台，清建清爽楼。

其地神也。曾公读于此，见五夜青灯，三春书卷，焚膏继晷，砥砺苦读，成就鸿儒巨擘，一代名臣！其两袖清风，一身正气，挥毫列锦绣，落笔泣鬼神，终成湖湘文化代表人。都堂感于斯，朝饮木兰之坠露，夕餐秋菊之落英，虚能修己，静可观人，贤当述古，智足察今。双星落座，相见于此，观红雨纷纷点绿苔，叹黄叶萧萧凝暮云，功盖三分国，名震天下人。

其名显也。曾刘之后，地以人名。几多志士仁人，怀揣家国情怀，慕名梧桐求学问，跋涉秋水著妙文。雪夜捧书读万卷，花时把酒向故人。淡泊以明志，宁静以致远，志不求易，事不避难，终留千秋名。以此方寸地，逾越关山，放飞理想，梅从窗外放诗怀，鸟栖枝头向天鸣。

其学厚也。文纳百家，诗涵唐宋，琴棋书画，恣意纵横，莘莘学子，身谙六艺，手持五弦，赤子其心，星斗其文。喜有两眼览万卷书容，恨无十年读天下雄文，胜游朝挽袂，妙语夜连床。终得诗书延续，文脉传承。

神也，显也，厚也，吾辈之幸也。然岁月更迭，沧海桑田，旧时书院，踪迹缥缈。得逢盛世，繁花似锦，今日梧桐书院复成，欣喜逍遥行！书院集国学教育，国学研究，国学书藏，国学训导，国学营地之大成，揽"崇学厚文，见贤思齐"于一身，矢志人才培养，力图教育振兴。

谢忱有识之士襄助，感念各级政府英明。亦以告慰仙逝双亲！更企望后学晚辈切切珍视，立鸿鹄之志，奋发而前行。虽历千苦，终得其成，聊作此文，恭以记铭。

风雪辞：礼敬先生——写给梧桐书院

吴泽军

题记：礼敬先生们的风神，须借光阴之力叩开书院
大木门，循迹门声悠扬、钟声震荡的纹路，穿越一幕幕
风雪……

斗转星移，辰辉闪耀，托付流星

运输到大地，萦回世间的风雪

峻岭起伏，高山峭崇，不舍昼夜

如思如悟，从天宇中认领的风雪

目光和视野，从天尽头返回梧桐山

挽留在楚南临武大地的风雪

群伦相守相安，头顶日出日落

把大野寥廓引入胸怀的风雪

修习八源山的胸襟和气魄

从地老天荒，从人间岁月

从苍茫世事，从沧海桑田

把庄严肃穆，翻出来的风雪

从地脉和山脉，呼啸而来的风雪

动彻心脉、人脉和文脉的风雪

姓氏和名号，相敬相惜的风雪

家世和身世，与日俱深的风雪

习俗和风物，相亲相养的风雪

时代和命运，如琢如磨的风雪

参透天地的风雪

感彻素心的风雪

轻叩门门第的风雪

清扬家声的风雪

山高水长，载驰载驱奔赴江水，泱泱的风雪

那么多的先生

那么多的风雪

风雪，礼遇风雪的风雪

风雪，顾怜风雪的风雪

风雪，供奉风雪的风雪

清澈之心，起于经书的风雪

搬运文告、献词和世泽的风雪

开辟修辞、真理和世业的风雪

弥合破绽，消弭不安

布景世间太平的风雪

扶苏人间烟火的风雪

以精纯至虑泅渡灵魂清芬的风雪

把气度和劳绩、流芳和遗韵

引向云山苍苍的风雪

与水木清华，与草木芬芳

与木火通明，比邻而居的风雪

把风调雨顺的行状带给小青瓦看一看的风雪

把五谷丰稔交给屋顶宝葫芦听一听的风雪

与硬山顶、马头墙撞个满怀的风雪

从雕花窗、油灯火的眼神

带走忧伤、惆怅和乡愁的风雪

把寒霜凛冽琢磨星天的深邃契阔

洒落在四方天井的风雪

从四合院围炉夜话中出行

带着梅酒诗书匆匆赶路的风雪

沿着山路，从书山引申而来的风雪

撞见青青子衿与梧桐树作别的风雪

把书生意气从梧桐书院派发到广阔人烟的风雪

高山流水为之送行的风雪

在驿路，在客栈，在江湖

把义薄云天、侠骨柔肠翻译成知遇之恩的风雪

一生一世，唯一许下的风雪

一心一愿，皈依一梦的风雪

止于清欢幽幽、虚静渺渺的风雪

忍冬花隐匿于藤蔓辗转中的风雪

梨花当作轻衣，披在身上的风雪

成全梅花暗度的风雪

在山坡，在山坳，在沟壑

梧桐树，银杏树，香椿树

落叶们返青枝头的风雪

折叠回忆，托运青春与芬华

把晴耕雨读寄回故乡的风雪

洗尽铅华，覆盖生平

淡没功名和身后事的风雪

把坟茔与墓碑，把遗响和精芬

隐入千古江山的风雪

我在梧桐书院等你

蒋淑芬

我在梧桐书院等你

等你千年的归期

身披风踏歌雨

书香门第沉香暗溢

探花埋下的伏笔从古走到今

押灵魂的韵脚

相遇相知并相许

我在梧桐书院等你

等你千年的归期

晨钟暮鼓摇醒春天的风铃

琅琅书声朗朗乾坤

先贤曲荡气回肠从古唱到今

停流转的目光

我一眼就认出你

我在梧桐书院等你

等你千年的归期

凝望纸审视笔

月半弯云墨染烟雨隐

印章的鲜红从古烙到今

燃诗情的香火

通明经久不息

四、述记类

通天山中一书院

梁瑞郴

数年前，朋友送我一块未琢之玉，号通天玉，说是鸿蒙之际，女娲补天遗落之石。我顺势附会说，此石后经数亿年演化，颇通灵性，因产自郴州临武通天山，故称之为"通灵宝玉"，有好事者曹氏雪芹，一把辛酸泪，将这荒唐之事，敷衍成旷世奇书《石头记》，又名《红楼梦》。朋友闻之拊掌大笑，妙哉，奇哉！

辛丑桂月，友人晓达，邀我上通天山，不为寻玉而来，而是观瞻一座暂不为人所知的梧桐书院。

我喜书院，尤其喜爱参观那些名重一时，偏于一隅，人才辈出的书院。二十世纪初，我去梅州参加全国文学院长会议。会议间隙，我便邀上二三好友，专门踏访梅州的东山书院。书院虽偏于客家居住的梅州，但出现了许多如雷贯耳的名家，黄遵宪、丘逢甲、叶剑英、曾宪梓……均承沾这座小小书院阳光雨露。我久久盘桓书院，虽无奇景异物，但耳边犹闻书声琅琅，尤其是那些被摩挲得斑驳陆离的课桌，让我想起莘莘学子晨曦暮霭的课读与诵咏。

这次来寻访的通天山中的梧桐书院，原以为是掩映于一片梧桐树中。当我们沿着弯弯山道，越过山门之后，豁然开朗，平旷之地，一座白墙青瓦的湘南民居建筑，立现眼中。书院后山，不见梧桐，全是密密匝匝的红枫，只是今年秋来得迟，丽日之下的枫叶，只有点点黄红闪烁。

梧桐书院就包裹在这枫叶初红之中，让通天山有了岳麓山的意味。照壁横陈，正书"梧桐书院"，背书"崇学厚文，见贤思齐"。而五个单体的慈贤堂、乡贤堂、聚贤堂、晋贤堂、礼贤堂相互勾连，浑然一体，极具传统建筑特色。

夕阳西下，当天地苍茫一色时，山风徐徐。我想到在经济居入高位的时刻，郴州及临武的一帮有识之士，在政府的支持下，在荒废多年的遗址上，赓续历史的文脉，把传统与现代无缝衔接。短短几年的时间，让占地三十七亩，建筑面积七千平方米梧桐书院，拔地而起。在这个的时候，无论谁面对梧桐书院，就会涌起一种肃穆的感觉。

暮色已合，通天山把寂静留给梧桐书院。在这寂寥之际，更让我思接千里，不能自已。

梧桐书院始建于汉，初盛于唐宋，明清鼎盛，而近现代弦歌不绝，直至二十世纪七十年代几成废墟。但翻开临武史册，但凡才俊志士，莫不与此交集。以明代曾朝节为代表的临武贤者，让梧桐书院声名鹊起。这就不能不让人感慨，旧时的书院，的确是人才的集散地，犹以硕儒名师传教一处，堪为一方学子的福祉。梧桐书院的乡贤堂，是为明代学子、礼部尚书、廉官曾朝节塑像，而整座堂宇，有近百尊石塑半身像，均为临武史载的历代乡贤，凭吊先贤，追慕先贤，俨然成为梧桐书院庄严的时刻。他们高扬国学的旗帜，化无形为有形，一砖一石，都饱含历史的记忆，一碑一壁，都穿越历史的风云。在梧桐书院，构建者的精心设计，处处都呈现国学的印记。楼宇壮阔，是厚重历史的承载；学堂生机，是深厚文化的支撑。

一夜无话。当第二天红日跃上通天山顶，和临武的一群校长们共同探讨中华文化的伟力时，我不能不动情，由近及远，由今到古，我们就更能体会中华传统文化的精妙，文化自信，何其箴言？

非同寻常的梧桐书院

陈 卫 陈 波

近日，在临武县楚江镇下舟村梧桐山下，我看到梧桐深处，古朴雅致的梧桐书院里"崇学厚文，见贤思齐"几个大字遒劲有力，前来参观学习的游客、学生络绎不绝。

梧桐书院始建于汉，初盛于唐宋，明清鼎盛，而近现代弦歌不绝，直至二十世纪七十年代几成废墟。但翻开临武史册，但凡才俊志士，莫不与此交集。

据记载，自唐至清，临武所考取的十八位进士中有八位出自梧桐书院。其中，明朝礼部尚书曾朝节曾在此苦读十年，其表兄刘尧诲，曾为明朝户部、兵部尚书，也曾多次到此探访，以致书院声名鹊起。

"梧桐书院历史悠久、选址独特，几经沧桑更替变迁传承至今，非同寻常、很不简单。"郴州市委原副书记、市人民政府原市长龙定鼎参观梧桐书院时不禁发出感慨。书院坐落在群山环绕的半山腰，新中国成立前，这里只有一条长约一公里的石板路可以通行，新中国成立后，几条公路都通上了山，进出更方便了。

古老书院虽被废弃，但"梧桐山，出凤凰"的感人故事广为流传。2010年，原核工业部俄语翻译雷国晶等乡贤倡议，重建梧桐书院，得到社会各界广泛响应，在政府及有关部门支持下，筹资募捐、策划设计，由郴州市原副市长、市文史研究会会长雷晓达全面操持，2017年3月，书院旧址兴建，2018年11月竣工授牌。

青砖紫瓦白墙，骑墙飞檐歇山式屋顶，焕然一新的梧桐书院古朴、典雅、自然、协调，占地三十七亩，建筑面积七千平方米，慈贤堂、乡贤堂、聚贤堂、晋贤堂、礼贤堂等五座建筑相互勾连，浑然一体，极具传统湘南建筑特色，现有藏书五万余册。

楼宇新建，旧时书院，踪迹缥缈，恍惚间，午夜青灯，三春书卷，焚膏继晷，砥砺苦读的身影依稀可见。

凭吊乡贤，追慕先贤。书院里有一个一百余平方米的展陈室，叫"乡贤堂"，里面陈列了一百多个人物的石塑半身像，石像前的标志牌注明了其姓名、籍贯和职务。当中，有在该书院求学且已功成名就的学子，有支持和帮助过该书院的社会名流和各界人士，还有教子有方的父母亲等。"他们每个人身上都有一个或几个脍炙人口的感人故事，讲起来三天三夜都讲不完。"龙定鼎说，其中"母亲背子上学"的故事令他印象深刻。故事中的母亲虽然没上过学，但是对子女上学读书的愿望非常迫切，她见书院上坡的路又长又难走，为了不让孩子迟到影响学习，每天清晨背着孩子到书院上学，直到每个孩子长大能独立走完路程为止，这种坚毅求学的精神值得称赞。

坚定文化自信，高举国学旗帜，经构建者精心设计，书院内处处呈现国学印记。

"慈贤堂"入口就是孔子石像，周围墙上布展学问大家画像、格言警句、诗词歌赋；"晋贤堂"塑有"独占鳌头"读书郎石刻，激励后人"见贤思齐"晋升贤达，还有悬钟立鼓，既是传承报时便民之意，也有励志警世之用；"聚贤堂"为书院讲堂，有多媒体设备，是开展室内培训活动的主要场所。院内中坪还有用于设坛讲学和礼仪培训的活动场地，左右是文化长廊，洗墨池、梧桐井也布局其中。

"中华民族的优良传统很多，该书院兴学重教、爱国爱民、艰苦奋斗和不忘历史这四条，与党和国家的指导思想大政方针以及中国特色社会主义核心价值观一致，值得称颂。"龙定鼎说，在两千多年前，这里的村民就开始自己办书院，这无疑是兴学重教的光辉典范。而且，一个小小的山村，人力、物力、财力都很有限，他们为国家培养人才，把民间办学与国家强盛和民族兴旺结合起来，克服艰难险阻，舍小家为国家，既体现了他们爱国爱民的思想，又体现了他们艰苦奋斗的精神，非常了不起。

"碧水印秋蟾，门外不知黄叶老；红尘飞野马，个中常伴白云闲"……每一座门庭、每一副楹联、每一块匾额，让人穿行其中，无不感悟其中所蕴含的古人智慧。

穿越千年时空，传统文化、古代书院教育精神如何与现代教育深度融合，培养担当民族复兴大任的时代新人？

秉承书院教学、藏书、育人功能，书院特聘了曲阜孔子学院教授、孔子的七十六代孙孔令绍为名誉院长，孔子爱徒颜回的后代颜保华、省作家协会的梁瑞郴等为国学教师库成员。

书院里，年近古稀的孔令绍为首批学员深入细致地阐述孔子与传统文化的渊源；颜保华别开生面的"破冰动"以及"飞花令"，引领大家敲开《大学》之门。课堂上，学员们吟诵经典，领会国学要义……

"在古代，书院是读书人安身立命的精神家园。扎根中国的文化沃土，坚定文化自信，时至今日，书院作为中华优秀传统文化的代表，仍是国人心中的文化底气和情感根脉。"梧桐书院院长曹学斌说，自2019年正式运转以来，梧桐书院通过教研交流、学术研讨、国学培训、校长论坛、夏（冬）令营、主题教育和捐资助学等形式，开展了200多场国学教育活动，受众超过5万人。

守护根脉，传承文化。梧桐书院已成为湘南粤北国学教研中心，优秀文化传承传播基地，敬贤、学贤、晋贤的精神家园和当地全域旅游的人文景观之一，先后被授予郴州市青少年校外活动基地、临武县及县关心下一代工作委员会国学教育基地、临武县中小学生实践教育基地等称号。一批批学子在中华优秀传统文化精神滋养下，从这里走出，响应时代所需，将青春之花绽放在祖国最需要的地方。

穿越历史，对话先贤

文建霞

临武美丽的通天山麓，有山名曰梧桐山，此山呈展翅欲飞之凤形，故又名凤凰岭。在这灵山秀水之间建一书院，以山为名，谓之"梧桐书院"。

细雨微寒的春日，与友人相约，去探访声名鹊起的"梧桐书院"的前世今生。

自县城城西出发，经楚江镇，入晓言塘、下舟境，顺着蜿蜒盘旋的公路行走约半小时，奋力冲上一大段陡峭弯曲的长坡后，青山环抱的"梧桐书院"便尽收眼底了。

书院的布局，高低错落、层叠有序。其建筑湘南民居特征：主厅飞檐翘角，厢房弧形屋檐，古朴端庄而不失灵动。白墙黛瓦，清雅简淡而又韵味无穷。后山梧桐挺拔，凤竹丛生，绿意葱茏；通天山的风力发电，若隐若现；云山雾海，缥缥缈缈。古典与现代，交织成一幅江南的水墨。

"梧桐书院"四字，镌刻在门前的照壁上，白底黑字，遒劲有力，气象丰盈。自古梧桐与凤凰意象相连，"凤凰鸣矣，于彼高冈。梧桐生矣，于彼朝阳"，"凤翱翔千仞兮，非梧不栖。""梧桐"二字，令人遐思无限。

走进书院，踩着布满时光印记的青砖石块，仿佛听到了延续千年的琅琅书声。"崇学厚文，见贤思齐"的院训、孔子的画像及简介、圆形洗墨池、"一鸣惊人"的钟声、独占鳌头的雕塑、刻着"离骚""大学"等经典文章的文化墙，无不洋溢着厚重的国学之风。

书院的历史，说长不长，说短不短。说长吧，书院的起源可上溯到汉代，"汉名白马，唐宋石龙，明题龙回台，清建清爽楼"。说短吧，书院二十世纪八十年代几成废墟，2017年3月依旧址动工，2018年11月28日竣工。云卷飞云，不知变幻多少桑田；寒来暑往，不知经历多少波折。如今书院焕然一新，已全无当年痕迹。不变的唯有书院古井，斑驳的井沿、清澈的井水，犹如历史的眼睛，目视着学院的千百年来的沧桑变化，见证了莘莘学子求学的孤独与艰辛。

钟灵毓秀之地，往往人才辈出。临武家喻户晓的曾探花，与书院颇有渊源，曾朝节，曾家山人，十年寒窗梧桐书院，晨夕诵读，声达庭际。明万历丁丑成进士殿试及第第三，人称曾探花。授翰林院编修，后迁侍读，再进国子监祭酒，累官礼部尚书……诗文皆富，著作收录至《四库全书》。他求学苦读、夜捉长舌鬼的故事广为流传，甚至演变成了神话，至今仍让当地人们津津乐道。

四百多年后，我们所见到的曾朝节，是一尊站立于梧桐书院"乡贤堂"的雕像。他右手垂立身后，左手轻抬胸前，目视远方，淡定、从容。我们读着他的对联："碧水印秋蟾，门外不知黄叶老；红尘飞野马，个中常伴白云闲。"仿佛看到他在这"落花不扫、啼鸟不闻"处，与"清风为朋、明月为侣"，静观世态，细品人生，进而养成云水风度、松柏气节。我们仰视他那睿智的目光，仿佛看到他秉烛夜读于书院、长途跋涉于山林、直言正论于朝廷、造福百世于桑梓，真正做到了"修身、齐家、治国、平天下"。

置身"乡贤堂"，犹如进入一个雕塑的世界，曾朝节居中，其他数十塑像环立。收入此堂诸君，上至朝廷官员、下至普通百姓：有勤勉理政、官声斐然的县令，有"内抚疮痍、外安诸民"的知事、有"军令严明、营规整肃"的参将；有博学能文的进士、才高八斗的教授；亦有投身革命、救亡图存的仁人志士；有"割乳救杜母、舍命抚遗孤"的义妇，还有教育界前辈全国特级教师原临武一中校长唐佐林……

"文景新，坦下人，清监利司训，务崇任教，士林拥戴。"家乡坦下名人赫然其中，兴奋下将其拍照于文潞公研究微信群。群里随即有族人回应并介绍其人其事："明崇祯年间，有贼人诬陷'潭溪'（坦下曾用名）盗窃军饷，朝廷决议剿灭全村。新率族人辩之，慷慨陈词，力挽狂澜，终使冤案昭雪。明皇为弥补潭溪蒙冤之损，特将人民河上从'雄鸡岭'、下至'牛屎墩'沿岸山河全赐潭溪文姓。家族后裔修《景新公祠》以作纪念，至今还能看到其神龛联'景仰前徽光潞国，新垂世业焕耆英'。"问及祠堂位置，居然就是我与姐姐的儿时睡房。那时爷爷留下的房子太小，父母便买了邻家半套，有厢房三间，分别用来做厨房、餐厅和我们姐俩的睡房。因祠堂中间部分极少进入，竟不知道承载童年光阴并住到十六岁的老房子背后，还有这么一段名人故事。

"陈振东，骡溪人，同盟会员，参加武昌首义及护国运动，后辞职归里，呕心从教。"行至此处，我长时驻足、凝视，面朝雕像虔诚地、深深地鞠躬三次。然后向旁边诧异的友人解释：这是我的曾外祖父，写入临武县志的名人。他曾接受孙中山先生民主思想的洗礼，并追随先生参加了一系列革命，还亲自参加了先生与宋庆龄的婚礼。他思想进步，所有的女儿都不缠足。后来终生从教……这一切都曾被亲友当成无比荣耀之事传颂，而此时我如数家珍般的骄傲毫无掩饰地溢于言表。

梧桐书院的五个主体建筑之一"乡贤堂"，顾名思义，乡贤汇聚。从右至左，由汉唐始、历明清至今；自唐羌、张署下，历代临武贤哲，宛如从历史长卷中次第走来，扑面而成一部地方乡贤文化史。每一人物，均有简介，寥寥数字，彰其言行。细品其德，似穿越历史、对话先贤。逐一看完，如享精神盛宴，让人流连忘返，深感不虚此行。

一方土地，一座书院。书院的修茸，是历史的复原与重建，更是先贤精神的继承与创新。"无乡贤，不家国"。做到"思贤、敬贤、学贤"，梧桐书院定能更好地传承国学经典，成为临武这座楚南古邑的文化地标。

一场四月人间雨　半生缘来淡墨痕

蒋淑芬

"吱呀"一声，光阴轻悄悄地为我推开梧桐书院虚掩的门。

我飘啊飘，飘啊飘，飘进《九歌》姊妹篇，重温书中颜如玉，《湘君》《湘夫人》声声慢、字字念、情情真。我嵌入《楚辞》章句间，再品《离骚》《天问》字里行间抒忧发愤，守诗歌节操书人间传奇。

《楚辞》犹在耳，余韵绕心头。每当天空下起雨，你将相思赋予谁？蓦地，有平平仄仄的字眼从书里跳出来，柔声对我说：其实，你一直就住在诗里，从未离去。

许我靠近你，任旗袍小腰。

"凤凰鸣矣，于彼高冈。梧桐生矣，于彼朝阳。奉奉萋萋，雍雍喈喈。良禽择木而栖，凤非梧桐不落。"梧桐书院——通天山下凤凰山，凤凰山上梧桐树，百鸟争鸣时，只待凤来栖。

梧桐书院沿袭传统四合院建筑风格：古朴、典雅、自然，青砖、黛瓦、白墙，再增添现代元素，于青山碧水蓝天白云间，是一块熠熠生辉的靓丽名片，于绿树红花间是一座拔地而起的研学殿堂。

有书之地自溢香，有香之地自驻人。春风知我意，吹我到你心。若脚印是写在春天的诗行，你用黛绿铺成草稿，十里山川任我描画岁月的模样。今己亥暮春至，请容我旗袍小腰轻轻款款七步诗，悠悠清泉如冷艳香凝摇曳敏，缕缕丝纶宛若檀香漫世尘。

梧桐井深又深，洗墨池潋又潋。晨钟暮鼓鸣，细雨微风油纸伞，抚琴青衣一方砚，满院雅致清幽怎能忘？天微凉胭脂红，离愁锁蹙眉浅，千年传说低吟浅唱，曲终有人散。当雨滴与泪滴相提，唯旗袍人打伞，空对一张琴，手捧一本书，写意一幅画，袖舞一溪云，守两个人的烟火，一蓑烟雨话湘南。

一树梧桐叶，一地暮春雨。一曲《离骚》唱得感天动地，油纸伞走过，悠然如梦却恍若昨。从古代走进民国又从民国走进现代，立起来，撑起梧桐书院的天，穿越时空的爱恋，像滚滚尘埃纷飞四起无处安放。

许我寄情你，任素笺墨染。

梧桐书院，满墙的书香诗词歌赋，满院的苍穹铮铮傲骨。屈原一曲《离骚》赋古今，屈原走了千年，他的《离骚》却永远留在了端午。

梧桐树三更雨，不道离情苦，一叶叶一声声，空阶滴到明。在这热热闹闹的时代，没有了"闲愁"，梧桐夜雨几回无寐，书院黎明又是晨读声脆。

梧桐书院，矗立着一百尊石像，是以"探花曾朝节"为首的临武百位乡贤能人。站在他们面前，德才兼备、卓尔不凡的风采，对人生鄙薄流俗的态度，以及不向世俗献媚的情操，其真实写照由棱角分明的眉宇喷薄而出。

百尊石像，百位贤人，奋发图强的浓缩，大智大勇的汇聚，睿语哲思诲汝谆谆涵养着临武百姓家风，感染一辈又一辈的临武儿女在这片热土繁衍生息，激励一代又一代的临武子民继往开来前赴后继。我们观今鉴古，循着先贤足迹，倾听古人教诲，吟诵圣人篇章，让华夏精神在我们的血脉中流淌，让民族文化支撑我们人格的脊梁。我们执笔相望素笺墨染，在文脉中默默坚守，在追求中笃笃传承。

我知道，有很多惊心动魄的美，它只关乎精神层面，关乎真性情。我也知道，这种高雅不动声色的美，如一对珍珠耳环、一把油纸伞，如一幅画，又如一袭国韵旗袍。但，我想给我的灵魂，以文字承载希冀的翅膀，在梧桐书院找到回家的路，也许路太远，我依然愿意抱着那旗袍、那油伞、那珍珠，和满蘸黑字的笺纸欣然前往。

一花一草皆生命，一枝一叶总关情。

建筑——是梧桐书院的经脉。

石像——是梧桐书院的骨骼。

书香——是梧桐书院的灵魂。

走进梧桐书院，我被建筑之经脉缠绕，我被石像之骨骼折服，我被书香之灵魂浸染。我着旗袍撑油伞，沐一场人间四月雨，记下这流水般澄澈的文字，伴随着这一程，我从前世走到今生。于是脸颊有洗不尽铅华的风尘仆仆沧桑拂面，耳畔有延续了千年的书声琅琅依稀回响。

梧桐书院研学记

王　凯

癸卯仲夏，适逢梧桐书院再办夏令营，我欣然受邀前往。

车至山脚，学员五十逶迤行。笑声伴和林峦静，山路回环绿荫凉。偶见山雀惊飞去，常有檐花沁脾香

步行未几，书院到也。天高云淡，远山如黛，书院寂然山脚卧；青瓦白墙，绿草如茵，学堂悄然林间藏。墙外有竹绿枝摇，可是迎客把手招？

能也！学员寻房找床，叠被洗衣，虽离父母，微童五尺亦能独立自强。文艺汇演，自导自编，吹拉弹唱，寸方舞台也引群情激昂。当众演讲，妙语频出，自古人才出儿郎。经典诵读，字正腔圆，从今国学薪火传。

识也！国学课堂，精彩纷呈，引经据典娓娓道来，

先生润物细无声。"孝经论语"，"大学诗经"，深入浅出旁征博引，学子慧根初有成。吟诵经典，声清气朗，国学内涵当穷思毕精；品评名著，行思坐想，传统文化需水到鱼行！

德也！餐前感恩，情真意长。敬天敬地敬万物，感党感国感八乡。遵令用餐，止语惜粮。一粥一饭思不易，一言一行显素养。汉服换装，长袖翩翩，裙摆长长，"陌上人如玉，公子世无双"；学习古礼拜探花，一揖一叩国学张；神交乡贤知历史，每人每事慨而慷。

流光易逝，五日太短。细雨绵绵，难舍依依挥袖去；收获多多，期待满满盼再来。南岭腹地有书院，东山脚下曰梧桐。造福乡民办实事，国学新气始不同！

五、楹联类

01.正门柱联

院自汉唐，白马回龙，清爽风流，梧桐叶茂书声远。
名惊朝野，凝斋文恪，雍容尔雅，德范兰馨品第高。

02.慈善堂门联

碧水印秋蟾，门外不知黄叶老。

红尘飞野马，个中常伴白云闲。

03.慈贤堂内联

书院育真才，榜首三名，喜夺芹香游泮水。

孔门求实际，胸中万卷，荣攀桂树到儒林。

04.慈贤堂外联

殿宇重新，础稳檐飞同赫赫。

馨香仍旧，花妍叶茂共悠悠。

05.聚贤堂门联

三更灯火，吟诗试墨铺云路。

十载芸窗，采藻炊芹到凤池。

06.乡贤堂门联

教泽犹存，学问犹存，满院尼山韵律。

贤良犹在，风流犹在，一堂鲁壁弦歌。

07.乡贤堂内联一

国羡贤良，看璧水涵云，勃发文光剑气。

民思俊彦，喜虎闱齿胄，储存儒将仁师。

08.乡贤堂内联二

儒宗裕后，万卷诗书藏斗室。

仁政光前，满眸祥瑞霭重门。

09.晋贤堂对联

看萤火齐辉好时日，国学堂前夸伟器。

待鳌头独占最风流，蟾宫帐下赋夭桃。

10.礼贤堂门联

岭上楼台，举步云霄拿日月。

岚中书案，陶情山水醉春秋。

11. 牌坊联

落花不扫，啼鸟不闻，脱去尘埃忘色相。

清风为朋，明月为侣，了然面目见空虚。

12. 郴州市楹联学会会员撰联选辑

（1）周桂文（郴州市）

时光淬炼，文脉延绵，梧桐栖凤生灵气。

薪火相传，弦歌致远，书院开篇毓俊材。

（2）朱精华（郴州市）

凤语通天，哲语通天，院里时闻寻语客。

桐花落地，心花落地，山中自有探花郎。

（3）何跃清（郴州市北湖区）

梧桐长铸曾刘范；

书院永增日月光。

（4）李依莲（嘉禾县）

梧桐引凤凰，叶涵文脉。读芸窗翰墨，饮亭阁清风，流年静品千秋月。

书院传薪火，地揽灵光。仰礼晋五堂，期教垂百代，古邑长怀累世贤。

（5）卢华斌（安仁县）

几树梧桐，小阁闲窗皆是景。

千重书气，白云黄叶共成吟。

（6）萧琼（临武县）

梧桐树下，桃李园中，书声朗朗春花艳。

明月窗前，清风案上，笔墨浓浓翰韵香。

（7）张有荣（安仁县）

古岭苍峰，山环一水，大椅梧桐谁敢坐。

白墙青瓦，院设五堂，奇书墨海我畅游。

（8）徐清廉（安仁县）

三面环山，八面来风，春风快绿梧桐树，树上常栖彩凤。

一朝中举，数朝题匾，金匾高悬书院楣，楣头闪耀魁星。

（9）李晓龙（郴州市苏仙区）

春风秋月吟今院，草碧书香，梧桐作伴寒窗柳。

墨客诗人赋古文，山苍水静，烟雨相邀绿树花。

（10）周爱国（郴州市）

远闻古代，梧桐书院凤凰栖，进士扬名成史册。

喜看今朝，临武楚江潮水涌，文坛凝墨著新篇。

（11）陈新（安仁县）

碧水蓝天，梧桐繁茂弦歌续。

白墙青瓦，书院恢宏盛誉延。

（12）郭文龙（临武县）

一方净土，鸟语花香，喜于世外，抛开烦恼勤耕笔。

四面清风，山明水秀，乐在其中，忘却红尘好读书。

（13）阳军（安仁县）

龙行福地，玉壁煌煌，可赏可观呈异彩。

凤舞梧桐，群贤济济，且听且读伴闲云。

（14）何良昇（永兴县）

三山绕院，梧桐引凤千年盛。

一水鸣弦，桃李争春万木荣。

（15）郭子科（桂东县）

五堂立世，书院生辉，古色古香流雅韵。

三面环山，梧桐放彩，如诗如画赏清音。

（16）樊家耀（资兴县）

梧桐有爱常栖凤；

学海无涯总聚龙。

（17）黄志屹（永兴县）

自古有先贤，梧院已通求学路。

而今多后秀，杏坛犹听读书声。

（18）雷英喜（永兴县）

五堂高雅出奇，曰进士摇篮，显赫何须金作裱。

一水清幽毓秀，赏梧桐落叶，翩然即引凤来仪。

（19）何飞雄（汝城县）

书院以山名，二千余载梧桐既挂玉蟾也栖彩凤。

斯文因序盛，十里八乡学子但题金榜更步青云。

（20）邓奥京（宜章县）

山谷清幽，繁木荫荣，书院文风千古盛。

墨香淡雅，才人辈出，华章诗韵万年长。

（21）欧阳政取（桂阳县）

吉地引群贤，筹资鼎力兴书院。

梧桐飞彩凤，入仕辅朝挑大梁。

第七编　图影 ──────────

（一）遗址

明代龙回台遗址

（二）建设

堆土

护坡

建设中

建设者

（三）建筑

书院全景

牌坊

照壁正面

照壁反面

慈贤堂

聚贤堂

乡贤堂

晋贤堂

礼贤堂

藏书楼

（四）活动剪影

（1）开院典礼

临武县梧桐书院授牌揭牌仪式（2018年11月28日）

临武县梧桐书院授牌揭牌仪式（2018年11月28日）

（2）2019年—2022年名师授课

孔令绍先生莅临书院讲学

颜保华先生莅临书院讲学

廖小平院长莅临书院讲学　　　　　　张良田教授莅临书院讲学

彭武园长莅临书院讲学　　　　　　龙正喜校长莅临书院讲学

梁瑞郴主席莅临书院讲学　　　　　　雷晓达会长莅临书院讲学

（3）2022年—2023年学生国学教育活动

国学夏令营初中班（一）

国学夏令营初中班（二）

麦市幼儿园国学活动

国学夏令营小学班（一）

国学夏令营小学班（二）

"中华好少年"冬令营

（4）2021年—2023年各行各业主题活动

临武职中主题党日活动

临武县政协文史研究会座谈会

临武县高新技术开发区工会活动

临武县检察院五四青年节主题活动

临武县政法委主题党日活动

临武县政协机关主题党日活动

（5）2020年—2021年调研活动

临武县原教育局局长文道斌主持座谈会

临武县教育局局长卢池云主持调研活动

临武县原县委副书记尹海莲主持调研会

临武县原县长刘杨主持调研会

（6）2021年—2022年教师培训

临武县2021年第八期国学教育培训班

国培计划（2022）临武县教师信息技术应用能力培训班（第一期）

国培计划（2022）临武县教师信息技术应用能
力培训班（第二期）

临武县2022年第九期国学教育培训班

临武县国学教育第四期教学副校长培训班

临武县第八期国学德育副校长班

（7）2020年—2021年捐书仪式剪影

国家图书馆出版社捐书仪式

郴州市教育局捐书仪式

湘南学院附属小学捐书仪式

临武县第一完全小学捐书仪式

郴州市教育基金会捐书仪式

郴州职业技术学院捐书仪式

（8）2021年助学活动

晓言塘村助学活动

顾村村助学活动

(9) 2019年—2020年研讨活动

《郴州通典》编纂工作研讨会

郴州市文史研究会课题研究

(10) 2021年—2022年院务活动

临武县副县长李强发考察梧桐书院修路工作

著名企业家曹林参观书院

临武县委书记刘杨视察梧桐书院

郴州市原市长龙定鼎视察梧桐书院

梧桐書院